「역사적전천년설」로 해석한
요한계시록 강해

이강은 목사의 다른 책들(편저, 공저 포함)

『다시 예언하여야 하리라』
『마지막 적그리스도』
『한 권으로 배우는 요한계시록』
『열두 광주리』
『적그리스도의 실체』
『시편에서 만나는 하나님』
『하나님께서 마지막때를 말씀하신다』
『재림신앙구역 재림신앙교회』
『인간나라를 다스리시는 지극히 높으신 하나님』
『파수꾼이여 밤이 어떻게 되었느뇨』
『마지막 한 이레와 작은 책의 영원한 복음』
『The Reality of Antichrist』
『GOD SPEAKS THE LAST HOUR』
『Come, Lord Jesus』

논문 :
"종말에 교회를 위협하는 적그리스도의 실체 연구"
"성경에 나타난 적그리스도 연구"(계시록 13, 17장 중심으로)

「역사적전천년설」로 해석한
요한계시록 강해

이강은 목사 설교

문서사역
종려가지

추천 글

이강은 목사님은 겸손히 하나님 앞에서 말씀을 늘 상고하시는 목사님이십니다.

끊임없이 진력하시는 모습은 많은 동역자들에게 모범과 도전을 주고 있지요.

특별히 목사님은 성경 예언서를 넓고 치우침이 없는 안목으로 연구하셔서 이제까지 많은 독자와 하나님의 일꾼들에게 도움을 주셨습니다.

금번에 "요한계시록 강해" 3판을 출간하게 된 것을 축하드립니다.

요한계시록에 예언된 말씀을 깊이 있게 살피셔서 오늘을 사는 성도들의 삶의 자세를 가다듬게 하시고, 그 때를 당하여 하나님의 자녀답게 잘 바쳐질 수 있도록 안내하는 귀한 책이 되겠습니다.
이 책에는 요한계시록 강해설교 80편이 담겨져 있는데, 친절하고도 일목요연하게 정리해주셔서 독자로 하여금 달고 오묘하신 은혜의 말씀을 가까이 대할 수 있게 하셨습니다.

"그러므로 깨어 있으라 어느 날에 너희 주가 임할는지 너희가 알지 못함이니라 너희도 아는 바니 만일 집 주인이 도둑이 어느 시각에 올 줄을 알았더라면 깨어 있어 그 집을 뚫지 못하게 하였으리라 이러므로 너희도 준비하고 있으라 생각하지 않은 때에 인자가 오리라(마 24: 42-44)"

항상 목사님 곁에는 정주리 사모님이 계시기에 이처럼 저작활동에 전념하실 수 있으셨고 뿐만 아니라 국외의 모든 자료를 위해 수고하는 이사야교수와 성실히 뒷받침해주는 이삭선생, 이 같은 두 아들이 있기에 더욱 힘 있게 집필할 수 있었던 게 아니었나싶습니다.

이 책을 대하는 모든 이에게 기쁨과 소망과 넘치는 은혜가 하늘 보좌로부터 충만히 임하시길 기도드립니다.

2020. 5.

김성철 목사(용문장로교회 위임목사, 성산수도원 원장)

머리말

반드시 속히 일어날 일들

요한계시록은 급변하고 진동하는 세계 속에서 지금 꼭 전해야하는 시대적인 복음입니다. 그것은 "반드시 속히 일어날 일들"이 예언된 말씀이기 때문입니다. "이 예언의 말씀을 읽는 자와 듣는 자와 그 가운데에 기록한 것을 지키는 자는 복이 있나니 때가 가까움이라"(계 1:3)는 말씀에 붙잡혀 성도들에게 전하였던 설교내용을 요약하여 책으로 엮어 보았습니다.

충성되고 지혜 있는 종이 되어 때를 따라 양식을 나눠주려고 외쳤던 말씀들입니다. 내용의 순서대로 강해하였으나 중요한 사건에 대하여서는 집중적으로 여러 차례 같은 주제의 말씀을 전개하였습니다.

이 책을 대하는 하나님의 거룩한 백성들이 시대를 바로 분변하고 주님오심을 지혜롭게 잘 준비하기를 소망합니다. 특별히 마지막 때에 일어날 어마어마한 큰 세계전쟁과 적그리스도를 예의주시하여 큰 싸움에서 승리의 개선가를 부르며 주님을 맞이할 수 있기를 간절히 기원합니다.

이 책의 내용은 스승 김형태 목사님께서 가르쳐주신 말씀들을 바탕으로 하였음을 밝힙니다. 기쁨으로 이 책을 추천해주신 김성철 원장님께 진심으로 감사를 드립니다. 특별히 늘 저를 위해 곁에서 힘이 되어준 아내 정주리 사모에게 감사하고, 뜨겁게 기도해주신 본 교회 성도들에게 감사를 드립니다. 모든 영광을 하나님께 올려 드립니다.

할렐루야!

2020. 1. 25. 이강은 목사

목차

추천글 _ 4
머리말 · 반드시 속히 일어날 일들 _ 6

제 1 부 · 계시의 시작(계 1장)
1 | 예수 그리스도의 계시(계 1:1-3) _ 11
2 | 삼위일체 하나님(계 1:4-8) _ 14
3 | 밧모섬의 사도요한(계 1:9-11) _ 17
4 | 예수 그리스도의 모습(계 1:12-20) _ 20

제 2 부 · 일곱 교회에 보내는 편지(계 2-3장)
5 | 에베소 교회(계 2:1-7) _ 23
6 | 서머나 교회(계 2:8-11) _ 26
7 | 버가모 교회(계 2:12-17) _ 29
8 | 두아디라 교회(계 2:18-29) _ 32
9 | 사데 교회(계 3:1-6) _ 35
10 | 빌라델비아 교회(계 3:7-13) _ 38
11 | 라오디게아 교회(계 3:14-22) _ 41

제 3 부 · 심판의 보좌(계 4-5장)
12 | 하나님의 보좌(계 4:1-5) _ 44
13 | 보좌의 하나님께 찬송(계 4:6-11) _ 47
14 | 보좌 가운데 계신 어린양(계 5:1-7) _ 50
15 | 피조물의 대합창(계 5:8-14) _ 53

제 4 부 · 일곱 인(계 6-7장)

16 | 일곱 인을 떼시는 어린양(계 6:1-8) _ 56
17 | 일곱 인을 떼시는 주님(계 6:9-17) _ 59
18 | 감람산의 대화(마 24:1-8) _ 62
19 | 이 모든 일을 보거든(마 24:32-44) _ 65
20 | 멸망의 가증한 것(마 24:15-22) _ 68
21 | 예수님의 종말관(계 24:1-14) _ 71
22 | 하나님의 인 맞은 자(계 7:1-8) _ 74
23 | 아무라도 셀 수 없는 큰 무리(계 7:9-17) _ 77
24 | 흰옷 입은 자들(계 7:13-14) _ 80

제 5 부 · 일곱 나팔(계 8-11장)

25 | 나팔 불기를 준비하더라(계 8:1-6) _ 83
26 | 일곱 천사와 일곱 나팔(계 8:7-13) _ 86
27 | 큰 전쟁, 남북전쟁(겔 38:1-6) _ 89
28 | 남북전쟁의 시기(단 11:40-45) _ 92
29 | 남북전쟁의 결과(단 11:40-45) _ 95
30 | 남북전쟁과 하나님의 계획(겔 39:25-29) _ 98
31 | 남북전쟁의 전망(겔 39:1-8) _ 101
32 | 삼 화(계 9:1-12) _ 104
33 | 삼 재앙(계 9:13-21) _ 107
34 | 동서전쟁의 과정(계 9:13-21) _ 110
35 | 동서전쟁의 결과(계 16:12-16) _ 113
36 | 일곱째 천사의 소리(계 10:1-7) _ 116
37 | 다시 예언하라(계 10:8-11) _ 119
38 | 두 증인의 역사(계 11:1-14) _ 122
39 | 두 선지자의 전도(계 11:3-11) _ 125

40 | 일곱째 나팔(계 11:15-19) _ 128

제 6 부 · 교회의 수난(계 12-13장)
41 | 해를 입은 여자와 붉은 용(계 12:1-6) _ 131
42 | 계시록 12장의 의미(계 12:7-17) _ 134
43 | 바다에서 나오는 짐승(계 13:1-10) _ 137
44 | 성도들과 싸우는 짐승(계 13:4-10) _ 140
45 | 땅에서 올라오는 짐승(계 13:11-18) _ 143
46 | 짐승에 대한 신학자들의 견해(계 13:1-9) _ 146
47 | 짐승, 적그리스도의 개념(계 13:1-5) _ 149
48 | 적그리스도 이해(계 13:6-9) _ 152
49 | 넷째짐승의 진상(단 7:1-28) _ 155
50 | 작은 뿔(단 7:15-28) _ 158
51 | 칠십 이레의 계시(단 9:24-27) _ 161
52 | 한이레와 큰 환난(단 9:25-27) _ 164
53 | 성도는 환난을 통과한다(단 9:27) _ 167
54 | 배도하는 일이 있다(살후 2:1-12) _ 170
55 | 불법의 사람(살후 2:1-8) _ 173

제 7 부 · 영원한 복음(계 14장)
56 | 십사만 사천의 노래(계 14:1-5) _ 176
57 | 영원한 복음(계 14:6-12) _ 179
58 | 마지막 추수(계 14:13-20) _ 182

제 8 부 · 일곱 대접 (계 15-18장)
59 | 이기고 벗어난 자들(계 15:1-4) _ 185
60 | 일곱 천사의 대접재앙(계 15:5-8) _ 188

61 | 네 가지 대접재앙(계 16:1-9) _ 191
62 | 세 가지 대접재앙(계 16:10-21) _ 194
63 | 아마겟돈 전쟁(계 16:12-16) _ 197
64 | 아마겟돈 전쟁의 결과(계 16:12-21) _ 200
65 | 큰 음녀 바벨론의 멸망(계 17:1-6) _ 203
66 | 일곱 머리 열 뿔 짐승(계 17:7-18) _ 206
67 | 큰 성 바벨론의 멸망(계 18:1-5) _ 209
68 | 화있도다 바벨론이여(계 18:6-24) _ 212

제 9 부 · 최후의 심판과 천년왕국(계 19-20장)

69 | 할렐루야(계 19:1-10) _ 215
70 | 예수 그리스도의 재림(계 19:11-16) _ 218
71 | 예수님 재림의 광경(계 1:7) _ 221
72 | 하나님의 큰 잔치(19:17-21) _ 224
73 | 천년왕국과 흰보좌 심판(계 20:1-15) _ 227
74 | 주님이 보여주신 지옥(눅 16:19-31) _ 230
75 | 지옥에 들어갈 자(계 21:8) _ 233
76 | 천년왕국(계 20:6) _ 236
77 | 휴 거(살전 4:15-17) _ 239

제 10 부 · 새 하늘과 새 땅(계 21-22장)

78 | 새 하늘과 새 땅(계 21:1-27) _ 242
79 | 하나님의 나라(계 22:1-21) _ 245
80 | 준비하고 있으라(마 24:42-44) _ 248

1
예수 그리스도의 계시(계 1:1-3)

"예수 그리스도의 계시"라고 했다. "계시"(Revelation)라는 말은 헬라어로 '아포칼립시스' 인데 '본래 감추어져 있던 것을 드러내 보인다.' 는 뜻이다. 계시록 1장에서는 계시의 시작을 말하고 있다.

1. 계시의 시작

(1) 계시의 근원은 하나님

계시의 발원자, 시발자는 하나님 자신이시다. 하나님은 모든 진리의 근원이시고 원천이시다.

(2) 계시자-예수 그리스도

하나님께서 자기의 계시를 예수 그리스도께 주셨다.

① 위로를 주시는 계시다(계 8:3-4, 14:13, 19:2, 21:22).

② 심판의 계시다. 유황 불 못이 있다(계 20:10, 15).

③ 감사의 계시다(계 4:8, 5:9-10, 11:17, 19:5-8).

④ 예언의 계시다. 예언의 말씀이다(계 1:11, 19:10, 22:6).

⑤ 승리의 계시다. 주님께서 왕노릇 하신다(계 11:15, 22:14).

(3) 계시의 전달자-그 천사

천사는 영물이다. 주님이 부리시는 영물들은 계시록을 예수님께로부터 받아 요한에게 전달했다(계 22:16, 히 1:14).

(4) 계시의 수신자-그 종 요한

요한은 세베대의 아들이었다. 12제자 중 가장 젊은 제자였고 직접 계시를 받은 복 있는 사람이다. 하나님의 자기 비밀이 예수 그리스도를 통하여 계시되고, 천사를 통하여 요한에게 전달된 것이다.
 (5) 종들은 교회의 사자들
읽는 자와 듣는 자와 지키는 자에게 복을 주시려고 주의 종들과 성도들에게 주신 계시이다(계 1:3).

2. 계시의 내용

"반드시 속히 일어날 일들"(계 1:1), "장차 될 일"(계 1:19), "이 후에 마땅히 일어날 일들"(계 4:1), "반드시 속히 되어 질 일"(계 22:6) 계시록 전체의 말씀은 반드시 속히 되어 질 일이다. 반드시 속히 되어질 일은 마지막 때를 사는 우리들에게 너무나 긴요한 말씀임에 틀림이 없다. 실제로 역사가운데 되어 질 일을 증거 하기 때문이다.
(1) 반드시 속히 되어 질 일은 끝날, 곧 심판의 때를 말하는데 말세의 징조들이 일어남을 뜻한다(마 24장, 막 13장, 눅 21장).
(2) 반드시 속히 되어 질 일은 끝날 성도의 구원을 위한 천국의 출현을 뜻한다(계 21:1). 세상의 전쟁이 종식되어(사 2:4) 모든 비극이 마침표를 찍고, 평화의 물결이 넘치는(사 11:6-9) 새 하늘과 새 땅이 이루어지게 될 것이다(사 32:15, 51:3). 그러므로 반드시 속히 되어 질 일은 악인들에게 임할 하나님의 심판과 성도들에게 임할 하나님의 구원의 완성의 날이 빠르게 다가오고 있다는 사실이다.

3. 계시의 목적

"종들이게 보이시려고" 주셨다. 교회를 맡은 종들에게 주시려고 계시하여 주신 것이다. 이와 같이 하나님께서는 종들을 통하여 주의 몸

된 교회를 이끌어 가신다.

요한 계시록을 그 종들에게 보여주신 목적은, 본대로 성도들에게 증거 하라는 것이다. 사도 요한은 "자기의 본 것을 다 증거 하였느니라"고 하였다. 그러므로 요한계시록은 성도들에게 감추어져있는 책이 아니라 주의 종들과 성도들에게 항상 보여져야할 계시이다(계 22:10). 따라서 성도들은 이 예언의 말씀을 "읽는 자"와 "듣는 자"와 "지키는 자"가 되어야 복이 있다(계 1:3). 예수님의 재림하실 때가 가깝기 때문이다. 그리고 반드시 속히 될 일들의 때가 가깝기 때문이다.

4. 계시의 축복

(1) 읽는 자가 복이 있다.

개인적으로 읽어야 하고(신 17:19),

가족적으로 읽어야 하며(신 6:6-8),

공개석상에서 읽어야 한다(신 31:11-13).

(2) 듣는 자가 복이 있다.

하나님의 말씀으로 들어야 한다(살전 2:13).

(3) 지키는 자가 복이 있다.

말씀을 지킴으로 주님의 칭찬을 받는다(계 3:10, 14:12).

이 예언의 말씀을 읽는 일과 듣는 일과 지키는 일에는 시대의 구분이 있을 수 없다. 요한이 밧모섬에서 이 계시를 받은 그 이후부터 주님 재림의 그 날까지 주님이 주신 이 말씀은 유효한 것이다. 반드시 읽고, 듣고, 지켜야 할 종말 성도들의 신앙생활의 지침이다.

2
삼위일체 하나님(계 1:4-8)

계시의 근원이신 하나님과 계시를 나타내신 예수 그리스도를 보여 주신다. 그래서 이 계시는 참되고 진실하다.

1. 성부 하나님
(1) 영원하신 하나님
이제도 계시고 전에도 계시고 장차 오실 자이시다. 이는 하나님의 영원성을 표현하는 말씀이다(시 10:16). 유일한 인생으로서는 영원하신 하나님을 가히 짐작조차 할 수 없다. 오직 계시된 말씀 안에서 계시된 하나님만을 아는 것뿐이다.
(2) 창조의 하나님
"알파와 오메가"가 되시는 하나님이시다. 곧 "처음과 나중"이 되시며 "시작과 끝"이 되시는 하나님이시다(계 1:8, 21:6, 22:13). 알파와 오메가란 헬라어 알파벳의 첫 자와 마지막 자인데 즉 하나님께서 역사의 처음과 끝이 되심을 의미하는 것이다(사 44:6). 하나님은 창조주이시기에 처음이요 마지막이 되신다.
(3) 전능하신 하나님
우리 하나님은 전능하신 하나님이시다(창17:1). 모든 것을 하실 수 있는 유일한 능력의 소유자 이신 것이다. 천지를 창조하신 전능하신 하나님은 무소부재, 무소부지의 하나님이시고 인류 역사의 완전한 주관자가 되신다(창 1:1, 시 103:19).

2. 성자 하나님
 (1) 충성된 증인
아버지로부터 보내심을 받은 진리의 증인이시다(요 12:49).
 (2) 죽은 자들 가운데에서 먼저 나신 자
계시록에 나오는 예수 그리스도는 십자가에서 죽으시고 부활의 첫 열매로 무덤에서 살아나신 분이시다(골 1:18).
 (3) 땅의 임금들의 머리가 되신 예수 그리스도
땅의 임금들의 왕이 되시는 만왕의 왕이시다(계 17:14).
 (4) 그의 피로 우리 죄에서 우리를 해방하신 자
우리를 죄로부터 해방하셔서 영원한 속죄를 이루셨다(히 9:12).
 (5) 우리를 제사장으로 삼으신 자
죄의 종노릇하던 우리를 그의 나라와 제사장으로 신분을 바꾸어 주셨다. 기도하고 봉사하며 제사장의 직무를 다해야 한다(벧전 2:9).
 (6) 구름을 타고 재림하여 오시는 자
  ① 재림의 방법
  초림의 예수님은 말구유에 오셨지만 재림의 예수님은 구름에 둘러싸여 영광가운데 심판주로 오신다(단 7:13, 마 24:30).
  ② 재림의 예수님을 보는 대상
  모든 족속 각 사람의 눈이 그를 보겠고 그를 찌른 자들, 불신자와 핍박자들도 예수님의 재림을 똑똑히 목격하게 된다(요 19:37).
  ③ 재림의 예수님을 본 반응
  "땅에 있는 모든 족속이 그로 말미암아 애곡하리니" 실로 그러할 것이다. 끝이 없는 애곡이다(슥 12:10).

왜 애곡하는 것일까? 그것은 회개를 못한 까닭이고(마 25:11-13) 무서운 심판을 받겠기 때문이다(마 8:12). 또 심판의 기간이 영원하기 때문이며(막 9:43, 계 14:11, 막 9:48, 눅 16:26), 형벌의 장소가 영원한 지옥이기 때문이다(마 13:42, 계 20:14-15).

3. 성령 하나님

"그 보좌 앞의 일곱 영"은 성령을 의미한다. 일곱 영은 완전하시고 강권적인 성령의 역사를 의미한다.

(1) 지성

성령은 모든 것을 가르치시고 생각나게 하시며(요 14:26), 우리를 진리가운데로 인도하시고 장래 일을 알게 하시며(요 16:13), 하나님의 깊은 것이라도 통달하고 계신다(고전 2:10).

(2) 감성

성령은 근심하시며(사 63:10, 엡 4:30) 말할 수 없는 탄식으로 우리를 위하여 간구하시는 영이시다(롬 8:26).

(3) 의지

성령은 바울이 비두니아로 가기를 애쓸 때 허락지 아니하시고 마케도냐로 가도록 역사 하셨으며(행 16:6-10), 그 뜻대로 각 사람에게 은사를 나누어 주신다(고전 12:4-11).

우리의 구원자이신 삼위일체 하나님께서 말세를 계시하여 주셨다.

3
밧모섬의 사도 요한(계 1:9-11)

요한이 어떻게 이 계시의 증거자가 되었는지의 정황을 설명하는 내용이다. 이 엄청난 계시의 증거자가 된 요한이 누구인지 알아서 우리도 그 신앙을 본받아야 할 것이다.

1. "형제"라 부름

요한은 자신을 사도라고 부르지 않고 형제라고 하였다. 여기에는 겸손의 뜻이 있다. 교회의 지도자라 하지 않고 형제라고 부른 것은 스스로 자신을 낮춘 뜻으로 보인다.

성경에는 형제의 자격을 몇 가지로 규정하고 있다.

 (1) 주님의 뜻대로 하는 자(마 12:50)
 (2) 동일한 근원에서 나온 자(히 2:11)
 (3) 위급할 때 돕는 자(잠 17:17)
 (4) 연합하는 자(시 133:1)
 (5) 서로 우애하는 자(벧후 1:7)

2. 주의 고난에 동참하는 자

그는 예수의 환난과 나라와 참음에 동참하는 자라고 하였다. 예수의 '환난'은 십자가의 예수님을 믿을 때 오는 세상적인 박해를 말한다(마 5:11, 요 16:33). '나라'는 세상에서 교회운동을 통하여 하나님의 나라를 확장하며 예수님과 함께 왕 노릇 하는 것을 말한다(딤후 2:12). '참음'은 하나님나라를 얻는데 필요한 인내다(마 24:13). 예수의 환난과 나라와 참음에 동참하는 자는 그리스도인들에게 주어진 사명이고 또한 특권이며 명예이다. 요한은 진리를 위해 충성하다가 고난을 받았고, 복음을 위해 끝까지 인내했다.

3. 주의 증인

"하나님의 말씀과 예수의 증거를 인하여"라고 하였으니, 그는 복음과 예수 그리스도의 십자가와 부활과 승천에 대하여 증인이었던 것이다. 사도요한은 증인으로서 사실대로, 본 대로 말해야만 했다.

4. 밧모섬에 거주

(1) 밧모섬

요한이 하나님으로부터 계시를 받을 때의 현주소는 밧모섬 이었다. '밧모'(Patmos) 란 태양이 뜨거울 때 고통 중에 배출하는 소나무 진액인 송진을 뜻하는 말이다. 진리를 위해 몸을 뒤틀리는 환난을 인내하는 요한의 모습과 잘 조화된다.

밧모섬(The island of Patmos)은 밀레도 항구에서 남서서로 68km, 사모스 남남서로 47km 지점에 있으며 크기는 길이 17km, 폭10km가 되는 작은 불모의 무인도 바위섬이다. 남쪽 끝에 동굴이 있는데 그곳에서 계시를 받았다고 하여 '계시의 굴' 이라고 부른다.

(2) 밧모섬에 가게 된 동기

사도 요한은 전도하다가 도미티아누스 황제 때 체포되어 끓는 기름 가마 속에 던져졌으나 이적적으로 죽지 않아 밧모섬에 정배되었다. 그는 주후 96년경에 놓여 에베소로 귀환하였다고 전해지므로 와석종신 하였어도 두 번씩이나 사경을 넘은 산 순교자이다. 우리가 거하는 이 세상의 삶의 장소가 그 어느 곳이라도 상관없다. 하나님의 음성을 듣고, 믿음으로 영계를 보고, 계시의 영으로 즐거워 할 수 있다면, 그 곳이 바로 은총의 보좌요 지성소요 축복의 밀실이기 때문이다.

(3) 주의 날에 계시 받은 사도요한

① 주의 날은 주일이다.

'주의 날' 은 안식일 후 첫날인 오늘의 주일이다. 안식일을 지키는 유대인들이 주님께서 십자가 수난에서 부활하신 날을 더 귀하게 여겨 주의 날로 지키기 시작한 것은 벌써 사도시대에 시행 되었다(고전 11:2, 행 20:7). 성경은 요한이 계시를 받은 날을 '주의 날' 이라고 명백히 밝히고 있다. 주의 날은 곧 주일이고 계시가 주어진 날이다. 이렇게 주의 날은 하나님의 특별한 은혜의 역사가 있다. 주일을 거룩히 지켜야 한다.

② 성령에 감동되었다

"내가 성령에 감동되어" 의 말은 단순히 성령을 받았다거나 성령 안에 있다는 것 보다는 성령으로 말미암아 신비스러운 영계로 이끌려간 것을 말한다. 하나님께서는 복음을 위해 환난을 인내하는 자에게 능히 감당할 성령의 감동을 주신다. 그리고 성경은 하나님의 감동으로 기록되었다(딤후 3:16, 벧후 1:21).

③ 성경을 기록하였다.

'너 보는 것을 책에 써서' 라는 말씀처럼 요한은 주님께로부터 계시록(1장~22장)을 쓰라는 명령을 받았다. 일곱 교회는 모든 세계교회를 상징한다. 그러므로 모든 교회는 주님께서 계시하신 말씀인 요한계시록을 읽고 듣고 전하면서 지켜야 복 있는 교회인 것이다.

4
예수 그리스도의 모습(계 1:12-20)

요한은 복음을 위해 유배된 밧모섬에서 어느 주의 날에 성령에 감동된 가운데 그의 뒤에서 나는 나팔 소리 같은 큰 음성을 듣게 되었다. 이 때 요한은 몸을 돌이켜 자기에게 말하는 음성을 알아보려고 할 때, 일곱 금 촛대를 보게 되었는데 촛대 사이에 계시는 인자 같은 이의 영광을 보게 되었다. 이 분이 바로 예수님이시다.

1. 교회 중에 나타나신 예수 그리스도

재림의 주 예수 그리스도는 일곱 금 촛대사이에 현현하셨다. 일곱 금 촛대는 일곱 등잔을 말하는데 기름을 담아 심지를 적시고 성전에 불을 밝히는 등잔이다(출 25:31-37, 왕상 7:4-9, 슥 4:2). 순금으로 만들어진 일곱 금 촛대는 일곱 교회를 말한다(계 1:20).

 (1) 발에 끌리는 옷
이 옷은 대제사장의 옷이다(출 28:4, 29:5).
 (2) 가슴에 금띠
권세를 가지신 군왕의 장신구이다. 요한은 제사장 겸 왕이신 메시야를 본 것이다(시 110:5, 사 6:1-5).
 (3) 그 머리털의 희기가 양털 같다.
이는 그리스도의 영생(단 7:9), 성결(사 1:18)을 상징하는 것이다.
 (4) 눈은 불꽃같다.

그리스도의 전지성(全知性)을 의미한다(단 10:6).

(5) 발은 빛난 주석 같다.

다니엘 2장 41-43절의 발처럼 붕괴되기 쉬운 것이 아니고 견고한 심판을 상징한다(단 2:31-35). 원수들을 밟아 멸하시는 심판의 권세를 가리킨다(창 3:15, 시 110:1).

(6) 음성은 많은 물소리와 같다.

그리스도의 절대적인 위엄과 권위를 나타낸다.(겔 43:2, 시 29:3).

(7) 오른손에 있는 일곱별

별은 교회의 사자들을 가리킨다(계 1:20). 오른손은 권능의 손으로 모든 교회와 주의 종들이 절대 주권자이신 주의 손에 있음을 뜻한다. 그 손에서 우리를 빼앗을 자 아무도 없다(요 10:28-29).

(8) 입에서 좌우에 날선 검이 나왔다.

이는 좌우에 날선 예리한 검, 곧 하나님의 말씀으로 죄인을 구원하며(히 4:12), 회개하지 않는 자들을 정죄하며 심판하시는 메시야의 권세를 뜻한다(계 19:20, 요 12:48).

(9) 그 얼굴은 해가 힘 있게 비취는 것 같다.

하늘나라의 영광을 얻으신 이의 광채는 이렇게 빛난다. 변화산에서 영광을 나타내신 때에도 그렇게 보이셨다(막 9:3). 천국에 참예한 의인들의 모습도 역시 해와 같이 빛난다(마 13:43).

2. 부활의 주이신 예수 그리스도

(1) 처음과 나중이 되신 예수 그리스도

시작과 끝이 되시는 예수님이시다(사 41:4, 사 44:6, 계 2:8).

(2) 부활하신 예수 그리스도

'전에 죽었다가 살아난 자' 이신 예수님은 세세토록 영원히 살아계신다(마 16:16, 롬 1:4, 고전 15:20).
 (3) 사망과 음부의 권세를 가지신 예수 그리스도
사망과 음부의 열쇠를 가지신 것은 심판권을 가지셨음을 의미한다(고전 15:54-56).

3. 교회의 머리이신 예수 그리스도
교회는 예수님의 몸이요, 예수 그리스도는 교회의 머리가 되신다(계 1:19-20, 엡 1:22, 골 1:18).
 (1) 그 오른손에 일곱별은 일곱 교회의 사자, 주의 종을 뜻한다.
 (2) 일곱 금 촛대는 일곱 교회를 말한다(슥 4:2-3).
그냥 촛대가 아니라 금으로 된 촛대이니 귀중함과 보배로움을 의미한다. 교회는 세상 그 무엇보다 보배롭고 귀중하다.
 (3) 예수님께서 그 오른손에 일곱별을 붙잡고 일곱 금 촛대 사이를 다니신다함은 교회의 종들과 교회들이 주님의 주권아래 있으며, 그의 보호와 인도를 받고 있음을 말한다(계 1:20, 계 2:1).

4. 재림의 주이신 예수 그리스도
초림의 주님은 사람의 몸을 입고 여인에게서 나셨지만 재림의 주님은 영광가운데 오신다(계 1:7).
 (1) 구름타고 오신다(마 24:30, 26:64, 살전 4:16-17, 행 1:11).
 (2) 각인의 눈이 보게 될 것이다(마 24:29-31).
 (3) 그를 찌른 자도 볼 것이다(슥 12:10, 요 19:37).
 (4) 땅에 있는 족속이 애곡하게 될 것이다(슥 12:10-14).

5
에베소 교회(계 2:1-7)

계시록 2장과 3장은 일곱 교회의 형편이다. 예수님은 사도 요한에게 종말에 관한 계시를 본격적으로 보여 주시기에 앞서 일곱 교회 사자들에게 각기 자기가 속한 교회의 영적인 형편을 보여 주셨다. 종말, 환난의 날에 이기는 자가 되기 위한 책망과 격려가 필요했던 것이다.

일곱 교회에 대한 영적 형편과 그들에 대한 책망과 격려는 오늘날 우리들에게 깊은 의미를 주고 있다. 여기에서 언급된 내용은 지금 우리들의 교회가 안고 있는 문제점들이며, 지상의 모든 교회들의 모습이기 때문이다.

에베소의 뜻은 '인내' 이다.

아시아주의 수도이며 소아시아지방의 정치, 교통, 무역, 문화 등 각 방면의 중심지였다. 그리고 "아시아의 빛"이라 불리었다. 주민은 원주민, 아데네 등에서 온 헬라인 및 유대인 등으로 구성되었다. 많은 신전이 세워져 황제 예배의 중심지가 되었다. 이곳에 유명한 아데미의 신각이 있어 이교와 신비주의의 온상이기도 했다(행 19:27). 이 전각은 대리석 기둥 120개로 구성된 장대한 이오니아식의 건축물이었다고 한다.

에베소 교회는 바울이 제3차 전도여행 때(54-59년) 설립한 것으로 3년간의 에베소 전도는 바울의 전도 여행 중에서 최장기간이며 또 그 절정기였다(행 20:31).

1. 예수님께서 나타나신 모습

(1) "오른손에 일곱별을 붙잡고"

주의 종을 붙드시는 주님이시다. 능력과 승리의 오른손으로 주의 종을 꽉 붙잡아 놓치지 않고 강권적으로 역사하며 함께 하신다.
 (2) "금 촛대 사이에 다니시는 이"
금같이 귀중한 교회를 친히 보호하시고 지키시는 주님이시다. 교회는 그의 몸이기 때문에 끝까지 지키신다.

2. 교회에 대한 주님의 칭찬
 (1) 행위와 수고와 인내가 있었다.
믿음에 부끄럽지 않은 행위와 수고와 인내가 있었다(살전 1:3).
 (2) 악한 자들을 용납지 아니하였다.
세속주의와 맞서야 하고, 진리를 가장한 이단과 싸워야 한다.
 (3) 자칭 사도라 하는 자들을 시험하여 거짓된 것을 드러내었다.
 (4) 주의 이름을 위하여 참고 견디었다(마 24:13).
 (5) 게으르지 아니하였다.
부지런한 열심 때문에 주의 칭찬을 받았다(행 2:46, 롬 12:11).

3. 주님의 책망
'너의 처음 사랑을 버렸느니라"
한때 뜨거운 형제사랑을 가졌으나(행 20:37), 선악을 가리고 순교적 정절을 수호하는 중에 자연히 교회의 첫 사랑을 잃어버리게 되었다. 교회가 세워질 때로부터 근 40년이 지나면서 생명이 없는 형식적 정통주의가 되고 말았다. 주께서는 저들의 신앙의 정절을 칭찬하시면서 사랑을 잃어버린 점을 책망하셨다. 교리적 순결과 사랑의 실천은 어느 하나도 버릴 수 없다는 것을 깨닫게 된다.

4. 주님의 권면

(1) 생각하고 회개하여 처음 행위를 가지라

탕자의 회개(눅 15:17-22)에도 이 세 가지의 과정을 찾을 수 있다. 첫째는 과거의 아름다운 사랑의 시절을 생각하며, 둘째는 회개 즉 처음으로 돌아감이고, 셋째는 처음 행위를 "행하는" 것이다. 회개에는 이러한 열매가 따라야 한다(마 3:8). 잘못된 자리에 그대로 머무는 한, 참 회개는 아니다. 회개는 말이 아닌 행위의 문제이다.

(2) 그렇지 아니하면 '촛대'를 그 자리에서 옮기리라.

촛대를 옮긴다는 것은 에베소 교회가 우주적 교회에서 떠나고, 머리이신 그리스도에게서 떠나며(엡 1:22), 본체인 포도나무에서 베임을 당하는 것을 말한다(요 15:6). 주께서 참 교회로서의 인정을 안 하신다는 뜻이다. 현재 에베소는 폐허로 돌아가 일부 철로가 통하고 몇 개의 움막이 있을 뿐으로 이 예언의 성취를 증명하고 있다.

5. 이기는 자에게 주시는 약속

'하나님의 낙원에 있는 생명나무의 과실을 주어 먹게 할 것이라'

생명나무의 과실은 에덴동산에 있던 나무로(창 2:9, 3:22) 아담의 범죄와 더불어 잃어버린 것이었다. 그 잃어버린 과실이 새 하늘과 새 땅에서 다시 나타나는 것은(22:2, 14, 19) 실로 신비로운 축복이다. 잃어버린 영생은 회개한 자가 새 하늘과 새 땅에서 얻는다.

6
서머나 교회(계2:8-11)

서머나의 뜻은 '몰약' 이다.
에베소 북방에 있는 항구도시이며 리디아주의 수도였다. 옛 도시는 주전 6세기에 패망하고 주전 3세기에 재건했으며 주후 178년 지진으로 다시 패망하였다가 그후 재건되었다. 로마에 대해서는 그 건국 당시부터 충성을 바쳤고 원정군들을 원조했으며 주전 195년에는 로마의 여신을 위한 신전도 건립하였다. 따라서 로마의 보호와 호의를 받아 황제 예배의 중심지가 되기도 하였다. 서머나 교회는 순교의 교회로 유명했고 영적으로 부요한 교회였다.

1. 예수님께서 나타나신 모습
"처음이며 마지막이요 죽었다가 살아나신 이"
하나님의 속성이다. 이사야는 이 속성을 세 번 여호와께 적용했고(사 41:4, 44:6, 48:12) 본서는 세 번 그리스도에게 적용했다(1:17, 2:8, 22:18). 서머나 교회에 나타나신 주님은 영생의 주요, 부활의 주로 나타나셨다. 순교에 직면한 서머나 교회를 위하여 나타나신 주님의 모습이었다.

2. 교회에 대한 주님의 칭찬
(1) 환난과 궁핍 가운데서도 믿음을 지킨 것
주님은 "내가 네 환난과 궁핍을 알거니와 실상은 네가 부요한 자니라"라고 하신다. 주님은 처음이요 나중이시며 죽었다가 살아나신 전지전능하신 분이시기 때문에 다 아신다. 나의 숨소리도 알고, 머리털 하나까지도 다 세고 계시는 주님이시다. 배고픈 것, 육신이 병난 것, 가난한 것, 어려운 환경을 다 아신다. 내가 주님을 사랑하고 주님이 함께하시며 나를 알아주시면 되는 것이다.

환난은 신앙의 핍박을 뜻하고, 궁핍은 생활의 가난을 뜻한다. 육적으로는 궁핍하였으나 내적으로는 부요한 믿음을 가졌다. 그 부요는 믿음의 부요, 소망의 부요, 사랑의 부요, 충성의 부요였다. 육신적인 모든 것을 강탈당했어도 영적인 생명의 부요는 빼앗길 수 없었다. 그러나 라디오게아 교회는 정반대였다(계 3:17).

(2) 고난 가운데서도 충성한 것

"네가 죽도록 충성하라." 주께서는 '환란을 면하게 하리라', '배부르도록 먹게 하리라' 하지 않으시고, '죽도록 충성하라' 고 하셨다. 이유는 그들에게 생명의 면류관을 주고 싶으셨기 때문이다.

"맡은 자들에게 구할 것은 충성이니라"(고전 4:2).

지극히 작은 것에 충성된 자는 큰 것에도 충성한다(눅 16:10).

① 죽도록 충성은 죽을 때 까지 충성한다는 의미이다.

주님의 생명이 죽음을 통하여 우리에게 왔기 때문에 그 생명을 받고 간수하며 증거 하는 우리도 죽도록 충성이 필요한 것이다. 죽도록 충성을 요구받은 서머나 교회는 복되고 영광스러운 교회다.

많은 사람들의 충성이 자기의 생의 종말까지 지속되지 못하는 이유는 '생명의 면류관' 을 부인하거나, 대수롭지 않게 생각하기 때문일 것이다. 바울이 끝까지 달려갈 길을 달려간 이유는 하늘의 보상 때문이었으며(빌 3:14, 딤후 4:8), 모세도 그러하고(히 11:26), 아브라함도 그러했다(히 11:16). 죽을 때까지 충성을 하려면 하늘의 보상, 생명의 면류관을 바라보아야 한다.

② 죽도록 충성은 죽을 때 까지 믿음을 지키는 의미이다.

죽도록 충성은 죽음에 이르는 때까지 믿음을 지키라는 의미이다. 서머나 교회의 초대 감독이었던 폴리캅(Polycarp:A.D 155-166)은 사도 요한의 제자였으며 이레니우스의 스승이었다. 로마 황제숭배를 강요당하였으나 끝내 거절함으로 순교하였다. 죽도록 충성한 믿음이었다. 충성된 증인 안디바도 죽음을 당할 때에 믿음을 저버리지 아니하였다(계 2:13). 예수님께 대한 최고의 충성은 어떤 환경과 조건 속에서도 생명을 걸고 믿음을 지키는 것이다.

3. 이기는 자에게 주시는 약속

(1) 죽도록 충성하는 자들에게 생명의 면류관을 주리라

서머나 교회가 순교적인 신앙으로 주님을 섬긴 결과 이 세상에서는 모든 것을 빼앗겼지만 주님은 생명의 면류관으로 갚아주신다.

내 놓을 것은 환난과 궁핍밖에 없을지라도 최선을 다하여 믿음 지키고 죽도록 충성할 때 주님은 알아주신다.

(2) 둘째 사망의 해를 받지 아니하리라

첫째 사망은 육체의 죽음이요, 둘째 사망은 영과 육이 지옥 불에 던져지는 죽음을 말하는데(마 10:28, 계 19:20, 20:14) 둘째 사망의 해를 받지 않게 해주신다. 교회는 환난에 대처할 임전태세를 갖추어야 한다. 서머나 교회처럼 죽도록 충성해야 한다. "끝까지 견디는 자는 구원을 얻으리라"(마 24:13)

7
버가모 교회(계 2:12-17)

버가모의 뜻은 '이중결혼' 이다.
버가모는 서머나 북방 100킬로미터에 위치한 아시아주의 수도이다. 300미터 높이의 돌출한 바위 위에 세워진 도시였는데 현 도시는 그 언덕 아래에 있다. 주전 5세기경부터 벌써 알려진 이 도시의 버가모 교회는 순교에까지 이른 순수한 믿음을 가졌지만, 우상 경배와 패륜에 빠진 니골라당이 뒤섞여 있었다. 그러므로 주님은 양면에 날선 검으로 그들을 심판하리라 하셨다.

1. 예수님께서 나타나신 모습

"좌우에 날 선 검"을 가지신 주님으로 나타나 주셨다. 이는 선악을 가리는 권위의 주님을 가리킨다. 버가모 교회의 신앙적 혼돈상태를 대하시는 주님의 모습이시다.

2. 교회에 대한 주님의 칭찬

충성된 증인인 안디바와 같은 순교자들이 많이 있었다.
안디바는 "전부를 대적하는 자"라는 뜻으로써 믿음을 지키다가 순교하였다. 혹설에 의하면 안디바는 버가모 교회의 지도자급에 있었던 사람이며 도미시안 황제 때에 청동의 가마에서 쪄죽음을 당했다고 한다. 그런데도 안디바는 그리스도를 믿는 믿음을 저버리지 않았듯이 당시의 버가모 교인들은 겁을 내어 배교하지 않고 믿음을 지켰던 것이다. 신앙은 중간지대가 없다. 사느냐 죽느냐를 위하여 살든지 죽든지 해야 한다.
주님은 버가모 교회의 장소가 사단의 위(사단의 보좌)가 있는, 이방 종교가 판을 치는 곳에 있음을 아시고 도우시며 함께해 주셨다. 십자가의 피로 구속하신 주의이름을 굳게 잡고 믿음을 저버리지 않은 신앙을 칭찬해 주셨다.

3. 주님의 책망

(1) 발람의 교훈을 지키는 자

버가모 교회의 모든 신자들이 안디바와 같지는 않았다. 바람의 교훈을 따르는 자들이 있어서 책망을 받았다. 발람의 교훈이란 이스라엘로 하여금 모압 여자들로 더불어 행음하게하고 그들이 섬기는 바알브올에게 절하여 우상을 섬기게 한 것이다(민 25:1-5).

때문에 버가모 교회에 문제가 된 것은 하나님대신에 우상을 섬기는 것이었다. 오늘날 현대교회에도 우상을 섬기는 자들이 많다. 하나님보다 더 사랑하는 돈이 우상이 되기도 하고, 쾌락이 우상이 되기도 하며, 권력이 우상이 되기도 한다. 어떤 이는 자기 자신이, 또는 자녀가 우상이 되기도 한다.

(2) 니골라당의 교훈을 지키는 자

니골라당의 교훈이란 육체는 사단에 속한 것 이어서 죄를 지을 수밖에 없다는 사상이다. 즉 죄를 옹호하는 이단자들을 말한다. 이같은 이단 사상의 영향으로 말미암아 버가모 교회는 이단(異端)을 용납하는 교회가 되고 말았다.

4. 주님의 권면

"그러므로 회개하라"는 것이다. 그렇지 아니하면 "내 입의 검"으로 싸우리라 말씀하신다(계 1:16, 19:15, 살후 2:8). 주님이 성도와 싸우겠다고 하실 정도로 회개를 촉구하셨다.

살길은 오직 회개하는 것뿐이다. 이단 교리로 굳어진 마음을 돌이키라는 것이다. 회개하지 않으면 주님의 입에서 나오는 검으로 싸우시지만, 회개하는 자에게는 어떤 죄든지 무슨 죄든지 용서하신다.

5. 이기는 자에게 주시는 약속

(1) "내가 감추었던 만나를 주고"

만나는 애굽에서 나온 이스라엘 백성들이 40년간 광야를 지날 때 하나님이 내려주신 음식이다(요 6:31). 만나는 궁극적으로 하나님의 말씀은 의미한다.

(2) 새 이름을 기록한 흰 돌을 줄 것이라

흰 돌은 당시 운동 경기에서 이긴 자에게 주는 트로피와 같은 것이었다. 새 이름을 기록한다는 것은 축복의 신분을 보장한다는 뜻이다. 야곱은 이스라엘로, 시몬은 베드로로, 사울은 바울로 개명되었듯이 새 이름을 기록한 것은 새로운 축복의 신분을 얻게 된다는 뜻이다.

"나의 충성된 증인 안디바"라고 말씀하신 주님 앞에서 최상의 순교적인 믿음을 지켜, 주님의 충성된 증인이라 칭찬을 받아야 한다.

8
두아디라 교회(계 2:18-29)

두아디라는 '두아의 성읍'이란 뜻이며 버가모와 사데의 중간 지점에 위치하고 있다(버가모 동남 64킬로미터, 서머나와의 중간 지점).
이곳의 옛 이름은 펠로피아 또는 유힙피아였고 현재는 아킷살이라 불린다. 카이코스와 헬머스 두 계곡 중간에 위치한 공업도시였다. 많은 조합이 유명했고 행상들도 많았다. 면직, 모직, 가죽등 수공업이 발달하였다. 염색 기술이 발달하였으며 특히 자주색 옷감으로 유명하였다. 빌립보에서 개종한 자주장사 루디아도 이 곳 여인이었다(행 16:14).

1. 예수님께서 나타나신 모습
(1) "그 눈이 불꽃같고"
모든 것을 통찰 하시는 예수님을 의미한다. 다니엘은 횃불 같다고 하였다(단 10:6). 모든 숨겨진 죄악도, 아무리 은밀한 죄악도 예수님의 눈에서 가릴 수 없다.
그리스도의 전지성을 가르치는 동시에 믿는 자를 보호하시려는 의지와 원수들을 심판하시려는 의지를 보여주신다.
(2) "그 발이 빛난 주석과 같은 하나님의 아들"
빛난 주석은 용광로에 달군 뜨거운 놋쇠를 말한다. 이는 무섭게 심판하시는 예수님을 의미한다.
초림의 예수님은 그의 발이 십자가에 못 박혔으나 재림의 예수님은 원수들과 믿지 않는 모든 자들을 사정없이 멸하실 것이다.

그의 발이 주석으로 되어있으니 쇳덩이 발로 밟아버리면 완전히 부서질 것이 뻔하다. 다니엘은 빛난 놋과 같다고 했다(단 10:6).

2. 교회에 대한 주님의 칭찬

"내가 네 사업과 사랑과 믿음과 섬김과 인내를 아노니 네 나중 행위가 처음 것보다 많도다"

두아디라 교회의 사업은 여러 가지 일들인데 사랑과 믿음과 섬김과 인내를 말한다. 사랑은 예수님을 무조건적으로 사랑하는 그 사랑을 말하고, 섬김은 주님을 위하여 서로를 섬기고 수고하는 일들을 가리킨다. 주님은 이렇게 다양한 신앙의 열매들을 잊지 않으시고 일일이 열거하며 칭찬해 주셨다. 그러므로 낙심하지 말고 열심을 내어 맡은 일에 최고로 충성해야 한다.

3. 주님의 책망

"자칭 여선지자 이세벨을 용납한 것, 종들을 행음하게 한 것, 우상의 제물을 먹게 한 것, 음행을 회개하지 않는 것"

이세벨은 아합왕의 부인으로 백성들에게 바알과 아세라를 섬기게 했다(왕상 16:31). 또한 우상의 제물을 먹게 했다. 따라서 두아디라 교회는 이세벨을 칼날처럼 잘라내어야 할 죄악덩이였다. 그러나 이세벨을 용납하였으니 책망을 받아 마땅하다.

그러나 회개조차 하지 않는다면 침상(병상)에 던지고(출 21:18), 환난에 던진다고 하셨다. 이세벨은 창문에서 내어 던지어 죽었다(왕하 9:30-33). 뿐만 아니라 자녀를 죽이겠다고 하신다. 오늘 날 교회는 영적순결을 지키기 위하여 정말로 분별력이 있어야한다.

"모든 교회가 나는 사람의 뜻과 마음을 살피는 자 인줄 알지라"(계

2:23) 하셨으니 이 편지는 세계 모든 교회에 주시는 말씀이다.

4. 주님의 권면
"내가 올 때까지 굳게 잡으라"
주님오실 날이 아주 가깝다. 깨어 믿음을 지키지 않으면 안 된다. 처음 시작한 것을 끝까지 견고하게 굳게 잡아야한다(계 14:12). 순수한 신앙을 굳게 해야 한다.

5. 이기는 자들에게 주시는 약속
(1) 만국을 다스리는 권세
재림하실 때까지 믿음을 굳게 잡아 승리한자에게는 만국을 다스리는 권세를 주신다. 만국을 다스리는 왕권을 가진 성도가 되는 것이다(시 2:8-9, 마 28:18, 계 20:6).
"철장을 가지고 다스려 질그릇 깨뜨리는 것과 같이 하리라"(계 2:27)
(2) 새벽별을 주실 것
새벽별은 왕권을 가지고 오시는 예수님을 가리킨다(계 22:16).
주님은 "너희에게 있는 것을 내가 올 때까지 굳게 잡으라"하신다.
네게 있는 것이란 그들이 칭찬 받은 '사업과 사랑과 믿음과 섬김과 인내'를 말한다. 그들이 이처럼 끝까지 이기는 자의 자리를 지키면 만국을 다스리는 권세를 주시겠다고 약속하신 것이다.

9
사데 교회(계 3:1-6)

사데는 "남은 자"의 뜻이다(롬 11:4-5).
두아디라 남남동 48킬로미터, 헬므스강과 트몰루스산 간의 언덕 위에 세워진 도시였다. 주전 6세기에는 리디아 왕국의 수도로 세계적 대도시였다.
사데 교회는 라오디게아 교회와 더불어 칭찬은 없고 책망만 받은 교회이다. 아마 일곱 교회 중에서 책망을 가장 많이 받은 교회일 것이다. 주님으로부터 '살았다는 이름은 가졌으나 죽은 자'라고 하는 책망을 들은 교회다. 그들이 이 같은 책망을 듣게 된 이유는 '내 하나님 앞에 네 행위의 온전한 것을 찾지 못했다'고 하는 데 있다. 그리스도인들이 하나님 앞에 온전한 행위를 가지지 못하면 즉 온전한 순종의 열매를 맺지 못하면 사데 교회처럼 '살았다는 이름은 가졌으나 죽은 자'가 된다는 사실을 명심해야 한다. 여기서 사데 교회가 듣게 된 이 같은 책망은 '영혼이 없는 몸이 죽은 것같이 행함이 없는 믿음은 죽은 것이니라'고 말씀한 야고보 사도의 경고와 같다(약 2:26).

1. 예수님께서 나타나신 모습
(1) 하나님의 일곱 영을 가지신 이
하나님의 일곱 영은 하나님의 성령을 가리키는데(계 1:4, 5:6), 영적 생명을 주실 수 있는 예수님의 성령충만한 모습을 가리킨다.
(2) 하나님의 일곱별을 가지신 이
일곱별은 교회의 사자(계 1:16, 20, 2:1)를 의미하는데 주께서 일곱별을 가지셨다는 것은 교회에 대한 관심과 사랑을 가지고 주의 종을 붙드신 예수님의 모습을 의미한다. 예수님의 가장 큰 관심은 교회이다. 교회 밖에는 구원이 없다. 예수그리스도는 교회의 머리이시다.

2. 주님의 책망
"네가 살았다 하는 이름은 가졌으나 죽은자로다"
사데 교회는 좋은 교회로 소문이 났지만 하나님 보시기에는 영적 생명력이 죽어버린 교회였다. 불꽃같은 눈동자로 실상을 꿰뚫어 보시는 예수님 앞에서 인정받는 교회가 되어야 한다.

3. 주님의 권면
"남은 바 죽게 된 것을 굳게 하라. 어떻게 받았으며 어떻게 들었는지 생각하고 지키어 회개하라"
남은 바 죽게 된 것을 굳게 해야 한다. 즉, 죽기직전의 남은 신앙이라도 지켜야 회생할 수 있다. 죽었다고 선포되었지만 아직도 회생할 수 있는 가능성이 있다. 그 남은 것이라도 지켜야 한다.
죽은 교회가 어떻게 다시 살아날 수 있을까?
 ① 어떻게 받았으며, 어떻게 들었는지 생각하고
 ② 지키어(이미 받은 복음을 크게 붙잡아야 함)
 ③ 회개해야 한다(단번에 죄에서 돌이킬 것).
그래야 주의 강림이 소망이고 축복이 된다. 회개하지 못한 자에게는 가장 큰 심판이 될 것이다.

4. 교회에 대한 주님의 칭찬
"사데에 그 옷을 더럽히지 아니한 몇 명이 네게 있어 흰 옷을 입고 나와 함께 다니리니 그들은 합당한 자인 연고라"

놀라운 것은, 죽어버린 사데 교회도 주님께 합당한 자들이 있었다는 사실이다. 그들은 옷을 더럽히지 아니한 자들이다. 옷을 더럽히지 않았다는 것은 진리에 서서 배교의 압력에도 굴하지 않고 믿음의 정절을 지켰다는 말이다. 이런 자들은 장차 주님과 함께 흰 옷을 입고 함께 다닐 자들인 것이다.

이처럼 남은 자들은 노아시대에 여덟 식구가 있었으며, 소돔 고모라에 롯의 세 식구가 있었고, 기드온 시대에 300명 용사가 있었고, 다윗시대에 아둘람 굴에 400명이 있었고, 엘리아 시대에 칠천 명이 있었다. 말세에 옷을 더럽히지 아니한 남은 자가 되어야 한다.

5. 이기는 자들에게 주시는 약속

(1) 흰옷을 입을 것이다(계 19:8, 계 16:15, 계 7:9).
힌 옷은 천국의 옷, 승리의 옷, 성결의 옷이다(계 4:4, 7:9).
(2) 이름을 생명책에서 지우지 아니할 것이다(계 20:12, 15).
이름이 생명책에 기록된 자들의 기록은 결코 변개되지 않는다.
(3) 그 이름을 하나님 앞과 천사들 앞에서 시인할 것이다(마 10:32, 눅 12:8).
살았다하는 이름은 가졌으나 실상은 죽은 자가 되면 절대 안 된다.

10
빌라델비아 교회(계 3:7-13)

빌라델비아는 "형제사랑"의 뜻이다.

사데 동남 약 50킬로미터, 코가미스 계곡의 소도시였다. 주전 2세기(159-138,BC) 버가모 왕조의 앗탈루스 2세가 건립하여서 왕의 형에 대한 사랑의 표시로 빌라델비아로 명명하였다. 주후 17년 지진으로 파괴된 것이 티베리우스 황제에 의해 재건되었다. 사도들 당시 전체 인구는 1000명 정도였고 이곳의 주신은 '디오니수스' 였으며 지금도 그 신전의 외로운 기둥이 남아있다.

빌라델비아 교회는 7교회 중 서머나 교회와 더불어 책망을 받지 않았던 교회이다. 서머나 교회의 장점은 순교였고, 빌라델비아 교회의 경우는 견실성이었다. 순교에까지는 이르지 않았지만 역경 속에서 견실히 신앙을 유지했던 것이다.

1. 예수님께서 나타나신 모습

"거룩하고 진실하사 다윗의 열쇠를 가지신 이"
예수 그리스도는 다윗의 열쇠, 천국 열쇠를 가지고 계신다. 문을 열면 닫을 사람이 없고 닫으면 열 사람이 없다(사 22:22).

2. 교회에 대한 주님의 칭찬

(1) 적은 능력을 가지고도 말씀을 지킨 것

두 달란트 받은 종이 달란트의 많고 적음을 원망하지 않고 자신에게 주어진 것으로 최선을 다하여 칭찬을 받았다(마 25:23). 마찬가지로 빌라델비아 교회는 신분, 지위, 자산 등 외적 능력이 작고 가난했으며 영향력이 없었지만 적은 능력을 가지고도 순종하여 큰일을 했다. 겨자씨 한 알, 오병이어가 보잘 것 없지만 큰 역사를 이룬다. 빌라델비아 교회는 적은 능력을 가지고도 주님을 사랑하며 말씀을 지켰고 주님은 이것을 인정해 주셨다(요 14:22-23).

(2) 주의 이름을 배반치 아니한 것

여러 가지 시험에서도 주의 이름, 즉 신앙을 배반하지 않았다(계 12:17). 주님을 믿는 믿음과 소망과 사랑을 잃지 않은 신앙이었다.

3. 주님의 권면

"가진 것을 굳게 잡아 아무나 네 면류관을 빼앗지 못하게 하라"

주님은 반드시 속히 오신다고 하셨다(계 22:7, 12, 20). 다시 오시는 주님을 사모하며 기다리는 성도는 자기의 가진 믿음을 굳게 잡아야 한다. 말세에는 참 믿음을 보기가 힘든 때이다(눅 18:8). 그러나 믿는 도리를 굳게 잡아 말씀을 순종할 수 있어야 한다. 뿐만 아니라 면류관을 빼앗기지 않도록 지켜야 한다. 믿음을 따라 인내하며 충성한 자에게 주님은 반드시 상을 주신다(계 2:10, 22:12). 이 면류관의 상을 빼앗기지 않도록 하라고 주님은 당부하신다. 상급을 쌓는 것만큼 중요한 것은 그 것을 빼앗기지 않도록 지키는 것이다(딤후 4:8, 고전 9:24).

4. 이기는 자들에게 주시는 약속

'나의 인내의 말씀을 지켰은즉'

그들은 주님의 인내의 말씀을 지켰다. 즉, 주님께서 십자가에서 고난 받으신 십자가의 복음의 말씀을 지킨 것이고, 인내하신 그리스도를 본받으라는 말씀을 지킨 것이다. 그 결과 복을 약속 받았다.

(1) 사탄의 회가 와서 절하게 할 것 (승리의 축복)

사탄의 회에 들어가 있는 자가 회개하고 돌아와 하나님께 예배할 것을 가리킨다. '내가 너를 사랑하는 줄을 알게 하리라' 하셨듯이 주님께서는 단번에 무조건 영원히 사랑해 주셨다. 그러므로 우리는 조금도 두려워할 것이 없다. 그리스도의 사랑이 계속하여 끝까지 부어지고 있기 때문이다.

(2) 시험의 때를 면하게 할 것 (마 24:21-22, 눅 21:17-18)

(3) 하나님 성전의 기둥이 되게 할 것

이 성전의 놋 기둥 둘은 중요성과 부동성을 의미한다. 우편에 있는 야긴은 "그는 굳게 한다"는 뜻을, 좌편의 보아스는 "유력자"라는 뜻을 가지고 있다(왕상 7:21).

이는 새 예루살렘의 12기초석이 될 것임을 말씀하는 것으로, 천국의 기둥을 의미한다. 그리고 '그가 결코 다시 나가지 아니하리라' 하셨으니 천국에서 영원히 거하게 되는 복을 받는다.

'새 예루살렘의 이름과 주님의 새 이름을 그이 위에 기록하리라' 고 하셨으니 하나님의 백성이요, 하나님의 소유됨을 확실히 가르쳐 주신 것이다(빌 3:20, 계 7:3, 계 14:1, 계 19:12). 그러므로 끝까지 견디어 말씀으로 이기는 신앙을 가진 자들에게는 영원한 천국이 보장되어 있는 것이다.

11
라오디게아 교회(계 3:14-22)

라오디게아는 "민중의 비위를 맞춘다, 민주주의"라는 뜻이다.
빌라델비아 동남 64킬로미터 지점. 리쿠스 계곡의 서안에 위치하며, 맞은편에는 10킬로 또는 14킬로 간격을 두고 히에라볼리와 골로새와 더불어 정립해 있다. 히에라볼리의 뜨거운 온천수(눈병치료가 용이한 유황, 탄산수)가 9km를 흘러 이곳에 이르고, 골로새의 찬물이 리쿠스 평야를 거쳐 이곳에 이르러 (16km) 합치게 되면 뜨겁지도 차지도 아니한 미지근한 물이 된다. 공장 폐수와 수많은 환자들이 신에게 바친 제물의 피가 섞여 눈병이나 질병을 일으킨다. 라오디게아 교회는 바울이 에베소에 있을 때 바울의 제자 에바브라가 개척하였다(골 4:12-15). 라오디게아 교회는 앞선 여섯 교회들에 비해서 참 독특하다. 밖으로는 핍박을 받지 않았고, 안으로도 이단이나 부도덕 같은 폐단이 없었다. 교회는 부유했고 모든 조건들은 다 갖추어져 있었다. 그러나 그들의 신앙은 미지근하여 무기력한 것이었다. 여러 주경신학자들은 이를 현대 교회의 그림자라고 본다. 외적 조건들이 평온하고 창성할 때 내적 신앙면이 이렇게 쇠잔하다는 것이다. 현대 교회들이 반성해야할 거울이 된다.

1. 예수님께서 나타나신 모습(계 3:14)

"아멘이시요 충성되고 참된 증인이시요 하나님의 창조의 근본 되신 이"

이는 하나님께서 진리이시며(사 65:16) 신실하심을 의미한 것이며, 라오디게아 교회가 진실하지 못한 상태에 비추어 계시자의 진실성이 고조된 것이다. 예수님은 창조의 근본이시다(요 1:3, 히 1:2).

2. 주님의 책망(계 3:15-17)

(1) 차지도 아니하고 더웁지도 아니한 것

라오디게아교회의 신앙은 미지근한 신앙이라고 표현된 것이다. 이는 당시 지역적 특성에 맞게 표현된 것이기도 하다. 당시 라오디게아 위쪽에는 히에라볼리라는 온천물이 유명했다. 그리고 리쿠스 강을 흐르는 민물은 매우 아름다웠다. 이 두강물이 만나서 합쳐지면서 도저히 먹을 수 없고 구역질을 유발하는 물이 된 것이다. 이와 같은 특성에 빗대어 잘못된 신앙을 책망하고 계시는 것이다.

미지근한 신앙은 토하고 싶다. 주께서 받아들일 수 없는 이 혼합신앙을 토하여 내친다고 하신다. 예수님께서 버리시는 대상이 될 것을 강력하게 경고하셨다.

(2) 나는 부자라고 하는 자만심으로 수치를 알지 못한 것

라오디게아 교회는 물질적인 부요로 인하여 영적으로 빈곤하고 지독한 기아상태가 된 것을 깨닫지 못하고 있는 것이다. 나는 부자라고 하는 자만심으로 말미암아 곤고한 것과 가련한 것과 가난한 것과 눈먼 것과 벌거벗은 것을 알지 못하는 상태였다.

3. 주님의 권면(계3:18-19)

(1) 불로 연단한 금을 사서 부요하게 하고(벧전 1:7)
(2) 흰 옷을 사서 벌거벗은 수치를 보이지 않게 하고(계 16:8-11, 15)
(3) 안약을 사서 눈에 발라 보게 하라.
(4) 열심을 내라. 회개하라.

주님은 내가 사랑하는 자를 책망하여 징계한다고 하셨다(삼하 12:1-14, 욥 5:17, 시 94:12, 잠 23:13-14, 잠 29:15,17, 고전 11:32, 히 12:6-8). 차지도 아니하고 더웁지도 아니하고 미지근하여 토해낼

수밖에 없는 교회를 사랑하시는 분은 주님이시다. 책망 받을 때 회개하고 열심을 내야한다.

4. 이기는 자들에게 주시는 약속(계 3:20-22)

'볼지어다 내가 문 밖에 서서 두드리노니'는 라오디게아 교회의 현실적인 모습의 한 장면이다. 물질의 부요는 그리스도를 문 밖에 서 계시도록 만들었다. 그러나 그보다 더 비참한 것은 계속하여 문을 두드리시는 주님을 볼 수 없었다는 것이다.

(1) 음성을 듣고 문을 열면 동거동락 하실 것이다(요 14:20, 23).
문을 열기만 하면 주님과 함께 교제가 시작된다. 먹는다는 의미는 하나님 나라에서 누리게 될 가장 친밀한 교제가 있다는 말씀이다.

(2) 이기는 자에게는 주님의 보좌에 함께 앉게 하여 주신다.
책망을 받았지만 돌이켜 회개하고 주를 모셔들여 마침내 승리하게 된 이들에게는 놀라운 축복이 따른다. 라오디게아 교회를 향해 말씀하신 승리자에게 주어질 축복은 아버지 보좌에 함께 앉게 된다는 것이다. 이는 천국 보좌에 앉혀 주신다는 것으로 참으로 놀라운 영광에 들어가는 숨 막히는 표현이다.

12
하나님의 보좌(계 4:1-5)

계시록 4장은 하늘의 보좌 곧 하나님의 보좌를, 계시록 5장에서는 보좌 가운데 계시는 어린양을 소개하고 있다. 예수 그리스도의 계시가 어떻게 이루어졌는가를 말씀하고 있으며 모든 일의 초점이 하나님의 보좌에 맞추어져 있다. 따라서 계시록 4장과 5장은 22장으로 이루어진 요한 계시록의 중심이 된다.
사도요한은 정배지 밧모섬에서 열린 하늘 문을 통하여 보좌에 앉으신 이의 영광을 목도할 수 있었다. 보좌에 앉으신 분의 실체를 볼 수는 없었지만 그 실존의 영광을 보았다(딤전 1:17, 요 1:18).

1. 하늘에 열린 문(계 4:1)
"이 일 후에 내가 보니 하늘에 열린 문이 있는데"
하늘은 영화로운 하늘 장소를 의미한다. 예수 그리스도께서 부활하신 후에 그곳에 올라가셨고(행 1:9, 엡 4:10, 고후 12:1-4), 그곳에 하나님 아버지께서 계시고(창 28:17, 시 80:14, 사 66:1, 마 5:12-16,45,48, 23:9), 그곳에 천사들이 있고(마 24:36, 28:2, 막 13:32, 눅 22:43), 그곳에 구원 받은 성도들이 거하는 것이며(마 5:12, 6:20, 18:10, 엡 3:14, 벧전 1:4, 계 19:1,4), 그곳으로부터 그리스도께서 오셨고(요 3:13), 그가 장차 그곳에서 다시 오신다(마 24:30, 살전 4:16, 빌 3:20, 21).
하늘나라에 관계하는 방식은 다음과 같다. ① 현세에서는 성도가 성령님의 감화로 말미암아 심령으로 그곳을 알며, ② 죽음 후에는 그의 영혼이 완전히 그곳에 들어가며, ③ 예수님께서 재림하실 때에는 신자의 몸까지 부활하여 영혼과 몸이 하늘나라에 들어간다.

2. 하나님의 보좌

사도 요한이 본 보좌에 계신 하나님의 영광은 3대 속성이 있다.

(1) 거룩하신 하나님

'보좌에 앉으신 이의 모양이 벽옥 같다' 고 하였다. 벽옥은 모든 보석 중에도 가장 빛나는 다이아몬드이다. 계시록 21장 11절에도 이 '벽옥' 이 나온다. 그것이 수정처럼 맑았다고 했다. 이는 성결의 하나님, 거룩하신 하나님을 나타내고 있다.

(2) 의로우신 하나님

'모양이 홍보석 같고' 라고 했다. 이는 루비인데 죄에 대한 하나님의 진노와 심판으로 벌하시는 정의의 하나님, 공의의 하나님을 나타내고 있다.

(3) 자비의 하나님

'또 무지개가 있어 보좌에 둘렸는데 그 모양이 녹보석 같더라' 고 했다. '녹보석' 은 에메랄드인데 자비와 은혜를 뜻한다. 무지개가 그것을 둘러 있음은 자비의 하나님의 언약의 표상이다(창 9:12-16).

3. 하나님의 보좌를 바라보며 승리한 선진들

하나님의 보좌는 지상에서 전개될 환난사건들의 근원인 보좌이다. 하나님의 보좌를 중심으로 24장로와 네 생물의 찬미가 있다. 이 천상의 위엄과 영광의 광경은 지상에서 핍박에 직면한 성도들에게 최후의 승리를 보장하고 격려하는 것이다. 성경에는 하나님의 보좌를 바라보고 힘을 얻어 승리한 선진들이 소개되어 있다.

(1) 이사야

"웃시야 왕이 죽던 해에 내가 본즉 주께서 높이 들린 보좌에 앉으셨는데 그의 옷자락은 성전에 가득하였고 스랍들이 모시고 섰는데 각기 여섯 날개가 있어 그 둘로는 자기의 얼굴을 가리었고 그 둘로는 자기의 발을 가리었고 그 둘로는 날며 서로 불러 이르되 거룩하다 거룩하다 거룩하다 만군의 여호와여 그의 영광이 온 땅에 충만하도다 하더라"(사 6:1-3)

(2) 다니엘

"내가 보니 왕좌가 놓이고 옛적부터 항상 계신 이가 좌정하셨는데 그의 옷은 희기가 눈 같고 그의 머리털은 깨끗한 양의 털 같고 그의 보좌는 불꽃이요 그의 바퀴는 타오르는 불이며 불이 강처럼 흘러 그의 앞에서 나오며 그를 섬기는 자는 천천이요 그 앞에서 모셔 선 자는 만만이며 심판을 베푸는데 책들이 펴 놓였더라"(단 7:9-10)

(3) 스데반

"그들이 이 말을 듣고 마음에 찔려 그를 향하여 이를 갈거늘 스데반이 성령 충만하여 하늘을 우러러 주목하여 하나님의 영광과 및 예수께서 하나님 우편에 서신 것을 보고"(행 7:54-56)

(4) 구원 얻은 성도들

"그러므로 우리는 긍휼하심을 받고 때를 따라 돕는 은혜를 얻기 위하여 은혜의 보좌 앞에 담대히 나아갈 것이니라"(히 4:16)

13
보좌의 하나님께 찬송(계 4:6-11)

요한은 자신이 바라본 하나님의 영광을 보석에 비유해서 나타냈다. 하나님의 거룩성을 벽옥으로 비유했고, 하나님의 심판을 홍보석으로, 하나님의 언약을 녹보석으로 비유하므로 세상에 대한 하나님의 심판과 성도들에 대한 자비를 나타내 보였다. 두렵고 황홀한 보좌를 바라본 요한은 보좌 둘레에 있는 존재들에게 시선이 갔다. '24 장로'들과 '네 생물'들이다.

1. 네 생물의 찬송

하나님의 보좌 앞에는 유리바다가 펼쳐져 있는데 그 모습은 수정 같았다. 이 수정같은 유리바다가 의미하는 것은 천국의 불변성과 견고성, 보배로움을 나타낸다. 그 보좌 가운데와 보좌주위에 네 생물이 있는데 천사를 말한다(겔 10:20). 네 생물은 밤 낮 쉬지 않고 찬송하였다.

(1) 하나님은 거룩하시기 때문에 찬송한다.
하나님은 거룩하시므로 죄악 세상을 심판하시고 자기에게 속한 구속하신 백성을 구원하신다. 거룩한 삶은 그 어떤 행복보다 귀하다. 우리는 거룩하고 성결하게 살기를 원해야 된다. 하나님의 형상대로 지음 받은 참 사람의 합당한 모습이다.

(2) 하나님은 영존하시기 때문에 찬송한다.
하나님께서 영존하신 사실은 생각만 해도 기쁘다. 천지 만물을 지으신 하나님이 계신 것은 천지 만물이 있음보다 기쁜 사실이다. 하나님께서 영존하신 사실을 분명히 인식하는 자는 밤 낮 쉬지 않고 찬송할 수밖에 없다. 네 생물은 하나님의 거룩하심과(사 6:1-3, 겔 1:5), 하나님의 전능하심(계 1:8, 롬 11:36), 하나님의 영원하심을 찬양하였다(계 1:8, 시 148:1-14).

2. 이십사 장로들의 찬송

이십 사 장로는 그들이 썼던 면류관을 하나님 앞에 드리며 그의 창조하심을 찬송하였다. 이십사 장로들은 누구인가?

여러 견해들이 있다. 천사의 여러 왕, 24반열의 제사장, 이스라엘의 이십사 장로들, 바벨론의 이십사 성좌, 주의 재림 때 들려 올릴 교회들 이라고 주장한다. 그러나 우리가 확실히 아는 것은 이들이 천사나 영물들이 아니라는 것이다. 이유는 계시록에는 자주 모든 천사와 장로들과 생물들이라고 구별해서 불렀기 때문이다(계 7:11). 우리는 이십사 장로에 대하여, 신구약 교회의 모든 구원받은 성도의 대표를 의미하는 것으로 본다.

이십사 장로들의 찬송은 모든 것이 하나님의 창조로 인하여 생겼으니, 모든 영광은 하나님께 돌려야 합당하다는 고백이다. 고린도전서 4장 7절에, "네게 있는 것 중에 받지 아니한 것이 무엇이뇨 네가 받았은즉 어찌하여 받지 아니한 것 같이 자랑하느뇨"라고 하였다. 로마서 11장 36절에, "만물이 주에게서 나오고 주로 말미암고 주에게로 돌아감이라 영광이 그에게 세세에 있으리로다 아멘"이라고 하였다. 그래서 이십사 장로들은 여호와께서 하나님이심과, 하나님의 영광, 존귀, 능력과, 창조주 되심을 찬양하였다.

(1) 대상

이십사 장로들은 보좌에 앉으신 하나님 앞에 엎드려 경배했다. 엎드린 것은 겸손의 모습이며 또한 하나님께 절대 복종의 경배였다.

(2) 경배

자신들이 쓰고 있던 면류관을 드렸다. 경배는 곧 예배를 의미하는데 자기 면류관을 보좌 앞에 드린다는 것은 그 경배의 절정을 보여주는 것으로서 너무 감격스러운 나머지 자신이 받은 상급까지도 하나님게 드리는 황홀한 광경이다. 면류관은 신앙의 승리의 관이며(계 2:10, 4:4) 왕적 영광을 표시한다.

그러나 이런 영예도 하나님 앞에서는 도저히 간직할 자격을 느끼지 못하는 것이다. 모든 영광과 존귀를 받으실 분은 하나님 한 분인 줄 느끼며, 그의 앞에 벗어 바치는 것이다. 거기에는 벌써 자랑이나 명예같은 것이 있을 수 없다.

모든 피조물은 찬미하지만 이십사 장로는 경배했다. 그러므로 자연계의 사명은 찬미이지만 성도의 사명은 경배이다.

(3) 내용

그렇게 보좌 앞에 면류관을 드리는 장로들은 하나님께서 영광과 존귀와 능력을 받으시는 것이 합당하다고 찬양하였다. 영광과 존귀와 능력은 하나님의 지극히 높으신 품성에 대한 표현이다. 창조주 하나님은 그 모든 경배와 찬양을 받으시기에 합당하시다.

그러므로 하나님이 영광 가운데 거하시는 천국을 사모하며 바라보는 성도들이 이와 같은 예배를 드리는 것은 마땅하다. 예배의 성공자는 아벨, 아브라함, 야곱, 다윗이고, 예배의 실패자는 가인, 사울이다. 하나님은 지금도 자기에게 신령과 진정으로 예배하는 자들을 찾으신다.

14
보좌 가운데 계신 어린양(계 5:1-7)

계시록 4장에서는 보좌에 앉으시고 세계와 만물을 창조하신 분의 환상을 보았으나 5장에서는 세계와 그 가운데 있는 일체의 운명을 장중에 잡으신 어린양의 환상을 본다. 계시의 근원이 되시는 하나님의 오른손에 있는 일곱 인으로 봉한 책을, 계시자가 되시는 예수 그리스도께서 취하심으로 계시가 열리게 되는 일을 말씀하고 있다.

1. 하나님의 오른손에 있는 책

(1) 안팎으로 쓴 책

하나님의 오른손은 하나님의 능력과 의로운 오른손을 가르킨다. 그 손에는 안과 밖으로 가득히 기록되어진 책이 있었다. 하나님에 의해서 기록된 책이며 어떤 목적을 위하여 의미가 담겨진 책이다.

① 인간의 죄가 충만함을 의미한다.

이 책은 하나님의 심판의 비밀이 기록되어 있다. 노아시대에 심판하신 것도 죄가 관영했기 때문이었다. 죄악이 충만하면 심판받는다.

② 하나님의 약속과 성취와 완성을 의미한다.

하나님께서는 믿는 자에게는 구원을, 믿지 않는 자에게는 심판을 약속하셨기 때문에 그대로 다 이루어진다.

(2) 일곱 인으로 봉한 책

하나님에 의하여 일곱 인으로 봉인되어져 있는 책이다.

① 아무나 심판의 비밀을 알 수 없기 때문이다.

② 이 책은 중대한 책이므로 누구나 뗄 수 없기 때문이다.

그러므로 힘 있는 천사가 큰 음성으로 누가 이 책을 펴며 그 인을 떼기에 합당하냐고 물었던 것이다.

2. 사도 요한의 울음

"내가 크게 울었더니"(계 5:2-4)

보좌에 앉으신 하나님의 오른손에 있는 책이 펼쳐져야만 그 가운데 기록된 내용들을 알 수 있을 것인데 하늘 위에나 땅 아래에 책을 펴거나 보거나 할 자가 없었기에 사도 요한은 크게 울었다. 심히 슬퍼서 많은 눈물을 흘리며 울었다. 주님의 재림은 문 밖에 가까이 다가오고, 종말의 시험과 환난은 폭풍우처럼 밀려오는데 하나님의 뜻을 이루며 성취할 자가 없음으로 슬피 울었던 것이다. 계시에 대한 그의 열정의 울음이었다. 요한의 깊은 사명을 본받아야 한다.

3. 책을 취하시는 어린 양

(1) 어린 양은 유다 지파의 사자

유다를 위한 야곱의 축복에 근거한다(창 49:8-12). '홀이 유다를 떠나지 아니하며'는 메시야를 가리켰기 때문에 메시야가 유대지파에서 나온다는 것은 유대민족의 공통적 신앙이었다(히 7:14).

(2) 다윗의 뿌리

다윗의 뿌리는 이사야 11장 1-10절에 근거한다. '이새의 줄기'는 곧 다윗의 계통이며 '다윗의 자손'은 바로 메시야의 별명이었다(마 1:1, 딤후 2:8, 계 22:16). 유대지파의 사자와 다윗의 뿌리는 그리스도의 육적세계이다. 즉 세상에 오셔서 십자가에 죽으시고 부활하신 예수님이 계시의 책을 받아 떼실 분이시고 심판자이심을 나타내는 말씀이다. 예수 그리스도만이 종말적 해결자이시다.

'다윗의 뿌리가 이겼으니' 라는 말씀처럼, 주님은 십자가의 부활을 통한 영원한 승리자이시다. 현세에서는 세상권세를(요 16:33), 미래에서는 죄와 사망의 권세를 영원히 이기셨다(계 1:18)

 (3) 어린 양 예수 그리스도만이 인봉을 떼시기에 합당하신 분

유대지파의 사자인 그리스도는 한 어린양으로 묘사된다. 사자와 어린양은 대조적인 동물이다. 이 대조가 그리스도께 일치되고 조화롭다. 주님은 사자 같은 어린양이시고, 어린양 같은 사자이시다.

① 중보자이신 어린양

"보좌에 네 생물과 장로들 사이에 어린양이 섰는데…"에서 사이에 서 있다는 것은 중보사역을 나타내고 있다.

② 죽임을 당하신 어린양

"어린양이 섰는데…", "일찍 죽임을 당하사…"의 주님은 무죄하신 제물이요(벧전 1:18-19), 대속의 제물이시다(사 53:4-6).

③ 영원한 승리의 어린양

"그에게 일곱 뿔과 일곱 눈이 있으니 이 눈들은 온 땅에 보내심을 받은 하나님의 일곱 영이더라"는 말씀처럼, 부활의 주님은 전지와 전능, 무소부재하심을 나타낸다.

이제는 사탄의 최종적인 심판이 가능하게 된 것이다. 하나님의 백성들이 영원한 승리를 얻는 온전한 구원을 이루게 되었다. 그 누구도 이 일을 지연시키거나 방해할 수 없다. 요한처럼 '아멘 주 예수여 오시옵소서' 라고 그의 오심을 사모하며 기다리는 성도가 되어야 한다.

15
피조물의 대합창(계 5:8-14)

어린 양이 성부의 오른 손에 있는 책을 취하시는 순간 전 우주는 그 어린 양에게 합당한 영광을 돌렸다. 이제 우리는 이 부분에서 영광을 받으시는 어린 양을 보게 된다.

1. 네 생물과 이십사 장로들의 합창
(1) 겸손한 예배였다.
'네 생물과 이십사 장로들이 그 어린양 앞에 엎드려'
어린 양 앞에 엎드린 것은 항복인 동시에 겸손의 태도이다.
(2) 감사 찬양의 예배였다.
저들은 거문고를 가지고 엎드렸다. 거문고는 찬양의 도구이다.
(3) 기도가 있는 예배였다.
향이 가득한 금 대접을 가졌으니 이 향은 성도의 기도들이었다.
(4) 새 노래가 있는 예배였다.
'새 노래를 불러 이르되 두루마리를 가지시고 그 인봉을 떼기에 합당하시도다 일찍이 죽임을 당하사 각 족속과 방언과 백성과 나라 가운데서 사람들을 피로 사서 하나님께 드리시고 그들로 우리 하나님 앞에서 나라와 제사장으로 삼으셨으니 저희가 땅에서 왕 노릇 하리로다' 라고 하였다.
이들의 찬양 주제는 어린 양이 흘린 보혈의 피였다. 그 피는 우주적인 구속을 성립시켰다고 했다. 그 구속의 효과는 우리를 왕으로, 제사장으로 이 세상에서 살게 하였다고 했다.

2. 천사들의 합창

성경에는 천사들의 찬양을 여러 번 나타내고 있다. 하나님이 천지를 창조하셨을 때(욥 38:4-7), 그리스도께서 탄생하셨을 때(눅 2:8-14), 어린 양이 하나님의 오른손에 있는 책을 받으실 때(계 5:8-9), 성도가 인침을 받았을 때(계 7:4-11), 주님께서 영광중에 재림하실 때(계 19:6-7) 천군과 천사들은 찬양했다.

'천사의 음성이 있으니 그 수가 만만이요 천천이라 큰 음성으로 가로되 죽임을 당하신 어린 양이 능력과 부와 지혜와 힘과 존귀와 영광과 찬송을 받으시기에 합당하도다 하더라'

 (1) 만만이요, 천천인 큰 수의 찬양이었다.
 (2) 큰 음성의 찬양이라고 했다.
 (3) 찬양의 주제는 어린 양의 영광이었다.

　　① 능력 (고전 1:24)
　　② 부 (막 10:29-30, 고후 8:9, 엡 3:8)
　　③ 지혜 (고전 1:24, 약 1:5)
　　④ 힘 (눅 11:22)
　　⑤ 존귀 (빌 2:6-10)
　　⑥ 영광 (요 1:14, 요 17:4, 히 2:9)
　　⑦ 찬송을 받으시기에 합당하신 분 (벧전 1:3)

3. 만물의 찬양

"내가 또 들으니 하늘 위에와 땅 위에와 땅 아래와 바다 위에와 또 그

가운데 모든 피조물이 이르되 보좌에 앉으신 이와 어린 양에게 찬송과 존귀와 영광과 능력을 세세토록 돌릴지어다"

(1) 찬양의 주제

이 피조물 세계의 찬양의 주제도 성부와 성자이신 어린 양이다. 승리의 왕, 만왕의 왕, 만주의 주이신 예수님께 영광을 돌렸다. 피조물들이 이렇게도 지극한 찬양을 돌리게 된 것은 저들이 성도들의 구원을 학수고대했기 때문이다(롬 8:8-21).

(2) 아멘의 영광

'보좌에 앉으신 이와 어린 양에게 찬송과 존귀와 영광과 능력을 세세토록 돌릴지어다하니 네 생물이 가로되 아멘 하고 장로들은 엎드려 경배하더라'

피조물들이 찬양할 때 네 생물이 아멘 하고 장로들은 엎드려 경배했다. 어린 양이 보좌에 앉으신 이의 오른손에 있는 책을 받아 펴실 때에 너무나 당연한 도리였다.

피조 세계가 찬양을 올릴 때 네 생물들은 아멘을 연발하고 이십사 장로들은 이 위대하신 사실 앞에 감히 입을 열지 못하고 오히려 엎드려 경배함으로 무궁한 영광을 주님께 돌렸다.

이 같은 하늘의 광경은 참으로 경이롭고 감격스러운 장면이다. 이런 장면을 계시로 바라보는 우리도 그 곳에 올라가 이들의 이 같은 찬송에 함께 화답할 수 있기를 간절히 소망한다. 그리고 땅에서도 찬송에 열심 있는 성도가 되어야 한다. 구원받은 당사자인 성도들은 한량없이 기뻐하고 무궁토록 찬양을 하나님께 올려드려야 한다.

16
일곱 인을 떼시는 어린양(계 6:1-8)

환난은 시작되고 현세는 그 종국에 이른다.
계시록 6장에서 18장은 계시록의 중심부로써 큰 환난을 보여준다. 이 환난은 일곱 인(6-7장), 일곱 나팔(8-14장), 일곱 대접(15-18장)으로 구분되고 있으며 서로 연결되어 있다.
처음 네 가지는 재난의 시작이라고 하였다(막 13:8). 그 다음은 제단아래에서 순교자의 호소가 있고, 천체의 이상과 변동이 따른다(막 13:24-25).

1. 말(馬)에 대한 성경의 해석

첫째 인으로부터 넷째 인을 떼실 때마다 "말"과 "그 탄자"가 등장하고 있다. 신, 구약 성경에 기록된 '말'을 연구하여 봄으로 그 의미를 바로 알 수 있다.

(1) 구약은 신약의 모형이요 그림자라 할 수 있다.

신약에 있는 말씀이 구약에 있고 구약에 있는 사건들이 신약에 있다(사 34:16). 그래서 구약에 등장하는 말을 보아야만 한다.

(2) 구약에 등장하는 말(馬)

스가랴 1장 8-9절에 보면 붉은 말, 자줏빛 말, 백마가 있는데 이들은 여호와께서 땅에 두루 다니라고 보내신 자들이라고 하였다(슥 1:10). 스가랴 6장 1-8절에 보면 네 병거가 있고 말들이 끌고 있는데 "이는 하늘의 네 바람인데 온 세상의 주 앞에 서 있다가 나가는 것이라"고 하였다(슥 6:4-5).

하나님께서는 하나님의 뜻을 이 세상에서 이루시기 위하여 부리시는 영적 존재들을 때로는 말처럼, 때로는 불처럼, 때로는 바람처럼 역사하게 하시는 것을 알 수 있다.

2. 일곱 인을 떼시는 어린양

계시록 5장에서 보좌에 앉으신 하나님의 오른손에 있는 일곱 인으로 봉한 책을 어린양 되시는 예수 그리스도께서 취하셨다. 아무도 뗄 수 없는(계 5:3) 종말의 비밀을 십자가의 어린양이 심판의 주로 그 인을 개봉하시는 것이다.

계시록 6장에서는 그 "인"을 하나씩 떼실 때마다 전개될 하나님의 섭리적인 사건들을 계시하여 주고 있다.

(1) 첫째 인

큰 권위를 지닌 천사장의 '오라'는 외침이 있자 흰 말이 출현했다. 여기의 흰 말이 출현했다는 것은 백마 타고 오시는 예수님(계 19:11)을 모방하고 위장하여 미혹하는 사탄의 역사다(고후 11:14).

흰말과 그 탄자가 활을 가졌고 면류관을 받고 나아가서 이기고 또 이기려고 했는데 이는 미혹의 역사인 것이다(마 24:3-8, 23-26).

(2) 둘째 인

붉은 말과 그 탄자가 땅에서 화평을 제하여 버리고 서로 죽이게 하고 큰 칼을 받았는데 이는 곧 전쟁을 말한다(계 8-11장).

붉은색은 전쟁을 표시하고 큰 칼은 큰 무기를 뜻한다. 전쟁의 세력이 큰 무기를 갖추어 세상을 전쟁으로 몰아넣고 사람들이 붉은 피를 흘릴 것을 보여주신 것이다.

(3) 셋째 인

검은 말과 그 탄자가 손에 저울을 가졌는데 한 데나리온에 밀 한 되요 한 데나리온에 보리 석 되라는 것은 기근을 말한다(계 15-16장). 밀은 고등, 보리는 하등 식물인데 장정 하루의 식량이다. 한 데나리온은 노동자의 하루의 품삯인데 여기에 보여진 값은 일반시세의 12배이므로 막심한 기근의 결과로 볼 수 있다.

"감람유와 포도주는 해치 말라"고 하신 것은, 환난 중에도 백성을 아끼시고 환난을 제한하시는 하나님의 배려하심을 알 수 있다. '감람유와 포도주'는 성령과 말씀으로 무장하여 신부의 단장을 마친 흰옷 입은 성도들을 의미하는 표현이다. 이 예언의 말씀을 읽고 듣고 지킴으로 복 받을 성도들이 곧 이들이다. 하나님은 택한 백성들을 위하여 그 날들을 감하신다(마 24:22).

(4) 넷째 인

청황색 말과 그 탄자가 나왔는데 탄자의 이름은 사망이고 음부가 뒤를 따랐다고 했는데 지진으로 인한 죽음을 말한다(마 24:4-7, 민 16:31-33).

음부는 구약에서 '스올'(65회)이라는 말로 표현된 무덤개념을 갖고 있고, 신약에서는 '하데스'(10회)라는 말로 지옥 개념을 가지고 있다. 즉 사망권세가 따른다는 뜻이다.

그러나 하나님은 사랑하는 성도들, 자기 백성은 끝까지 책임지신다. 믿음의 백성들을 철저하게 지켜 주신다(마 10:28, 시 121:1-8).

17
일곱 인을 떼시는 주님(계 6:9-17)

다섯째 인을 떼실 때에, 하나님의 보좌 제단 아래서 하나님께 큰 소리로 간구하는 순교자들의 기도가 나온다. 그리고 주의 재림 때에 있을 마지막 심판, 곧 일곱째 대접 심판으로 오는 지구의 최종적인 심판을 여섯째 인의 계시로 보여 주고 있다.

1. 일곱 인을 떼시는 어린양

(1) 다섯째 인

죽임을 당한 영혼들이 제단 아래에 있다고 하였는데 순교자의 수가 차기까지의 환난과 순교를 가르치고 있다(계 13-16장).

순교자란 복음 때문에 죽임을 당한 이들을 말한다. 즉 하나님의 말씀과 저희의 가진 증거를 인하여 죽임을 당한 자들이다. 성도는 예수님 증거 때문에 받는 핍박을 이상히 여기면 안 된다(마 10:39). 제단 아래에 그들의 영혼이 있다고 한 것은 '가장 거룩한 곳 그리스도 바로 곁'에 있음을 의미한다.

순교자들의 호소는 자신들을 핍박하고 죽인 이들을 언제까지 심판하지 않겠느냐는 것이었다. 이런 순교자의 호소를 들으신 대주재는 그들에게 흰 두루마기를 주시면서 순교자의 수가 차기까지 쉬라고 하신다. 순교는 하나님의 예정으로 되는 것이다.

(2) 여섯째 인

큰 지진이 나며 해가 검은 털로 짠 상복(예복)같이 검어지고 달은 온 통 피 같이 되며 하늘의 별들이 무화과나무가 대풍에 흔들려 설익은 열매가 떨어지는 것 같이 땅에 떨어진다고 하였다.

하늘은 두루마리가 말리는 것 같이 떠나가고 각 산과 섬이 제 자리에서 옮겨지매 땅의 임금들과 왕족들과 장군들과 부자들과 강한 자들과 모든 종과 자유인이 굴과 산들의 바위틈에 숨어 산들과 바위에게 말하되 우리 위에 떨어져 보좌에 앉으신 이의 얼굴에서와 그 어린 양의 진노에서 우리를 가리라고 한다.

이는 예수님의 재림과 세상 심판을 말한다(계17-19장). 이 세상 사람들이 쏟아질 하나님의 심판 앞에 두려워 떠는 장면을 보여 주는 것이다. 이런 진노의 큰 날은 재림의 날인데 누구도 능히 설 수 없다. 그러나 하나님께서는 자기 백성을 보호하시고 책임지신다.

 (3) 일곱째 인(계 8:1-2, 6)

일곱째 인을 떼자 하늘이 반시 동안쯤 고요해진다. 나팔재앙 전의 일시적 고요로 폭풍전야로 비길 수 있다. 이는 새로운 환난을 암시하는 것이며 폭풍전의 숨죽임 같은 침묵이다(습 1:7).

일곱째 인은 하나님의 나라가 이루어짐을 말하는데 일곱 천사의 나팔을 예고하여 주고 있다. 계시록에 나오는 "일곱 인"과 "일곱 나팔"과 "일곱 대접"은 순서적으로 나타나는 사건이 아니라 함께 어우러져서 일어나는 종말의 사건들이다.

2. 계시록 6장과 감람산의 대화

감람산의 대화는 주후 30년경 주님께서 지상에 계셨을 때 감람산에서 제자들에게 주신 말씀이다. 계시록 6장은 예수님께서 부활 승천하신 후 하늘의 보좌에서 주신 말씀이다.

계시록을 기록한 사도 요한은 감람산에서 종말에 대한 교훈을 주실 때에도 거기 있었다(막 13:3). 주님께서 주신 계시의 말씀은 시대와 장소를 막론하고 변함이 없다.
그래서 주께서 감람산에서 주신 계시와 밧모섬에서 주신 계시의 말씀이 동일하다.

<계시록과 감람산의 대화 비교>

계시록 6장		감람산의 대화		
인	내용	마 24장	막 13장	눅 21장
첫째인 (1-2)	흰말-미혹	(4-5) 미혹	(5-6) 미혹	(8) 미혹
둘째인 (3-4)	붉은말-전쟁	(6-7) 전쟁	(7-8) 전쟁	(9-10) 전쟁
셋째인 (5-6)	검은말-기근	(7) 기근	(8) 지진	(11) 지진
넷째인 (7-8)	청황색말-지진	(7) 지진	(8) 기근	(11) 기근,온역
다섯째인 (9-11)	환난과 순교	(8-10) 환난,순교	(9-10) 핍박,순교	(12-18) 핍박,순교
여섯째인 (12-17)	재림, 심판	(29) 재림,심판	(24-26) 재림,심판	(25-27) 재림,심판
일곱째인 (8:1-2)	하나님 나라	하나님 나라	하나님 나라	하나님 나라

18
감람산의 대화(마 24:1-8)

요한계시록 6장의 말씀과 감람산의 대화내용은 같다. 주님의 다시 오심과 하나님 나라의 시기에 대하여는 감람산의 대화 내용을 바로 아는 것이 중요하다.

1. 감람산의 대화

마태복음 24장, 마가복음 13장, 누가복음 21장은 주후 30년경에 감람산에서 예언하신 예수 그리스도의 계시의 말씀이다.

다시 오실 예수님, 어떻게 하나님의 나라가 이루어지며, 성도들이 그 나라를 유업으로 얻기까지의 역사적인 과정이란 어떤 것이며, 어떠한 중요한 사건들이 있을 것인가 하는 것을 이 세 군데 말씀에서 중점적으로 보게 된다.

"이 모든 일을 보거든"(마 24:33), "이런 일이 되기를 시작하거든"(눅 21:28), "이런 일이 나는 것을 보거든"(막 13:19, 눅 21:31) 이 같은 말씀들은 장차 될 일을 풀어내는 열쇠가 된다.

2. 감람산 대화의 배경

마태복음 24장 1-2절, 누가복음 21장 5-6절, 마가복음 13장 1-2절의 말씀을 보면, 예루살렘의 웅장함과 미석과 헌물로 꾸며진 하나님의 성전 건물의 미려함에 황홀하게 도취된 제자들을 볼 수 있다. 그들은 마음이 들떠 있으면서 이것을 예수님에게 보이려고 자랑할 때 주님은 때가 이르면 예루살렘은 멸망할 것이며 성전 건물은 무너지리라고 하셨다. 이같은 충격적인 말씀에 제자들은 예수님께 묻지 아니하고는 견딜 수가 없었던 것이다.

마침 주님께서 성전을 마주대하여 앉으셨을 때 그들은 이 같은 궁금한 사실에 대하여 묻게 되었다(막13:3). 이 때 주님의 심정은 마태복음 23장 37-38절에 기록된 말씀과 같이 "예루살렘아 예루살렘아 선지자들을 죽이고 네게 파송된 자들을 돌로 치는 자여… 황폐하여 버린바 되리라"고 예루살렘의 멸망의 날을 그려보며 탄식하셨다.

제자들 곧 베드로와 야고보, 요한은 조용히 주님께 물어보았고, 주님은 그들의 질문에 대하여 대답하신 내용이 마태복음 24장, 마가복음 13장, 누가복음 21장의 내용인 것이다. 이 같은 대화가 감람산에서 이루어졌으므로 감람산의 대화라고 부른다.

3. 감람산 대화의 주제

마태복은 24장 3절에는 그들이 어떤 것을 질문했는지에 대하여 기록하고 있다.

"어느 때에 이런 일이 있겠사오며 주의 임하심과 세상 끝에는 무슨 징조가 있사오리이까"

이 말씀 속에는 몇 가지의 큰 것을 묻고 있다.

(1) 예루살렘의 멸망과 성전파괴는 언제 입니까?
(2) 주의 임하심은 언제입니까?
(3) 세상 끝 날은 언제입니까?
(4) 하나님 나라 임하심은 언제입니까?(눅 21:31)

그리고 이 모든 일이 이루려 할 때는 무슨 징조가 있겠습니까?
그래서 '이 모든 일'을 살피기 위해 생각할 내용은 다음과 같다.

① 예루살렘의 멸망(마 24:15-22)과 성전파괴(마 23:37-24:2)
예루살렘이 함락되었을 때는 마침 유월절 절기 중으로 전국에서 운집한 유대인이 참변을 당하여 110만 명이 죽임을 당하고 10만 명이 포로되어 인류역사상 더할 수 없는 환난이었다고 한다. 최후의 대 환난의 그림자였던 것이다.

② 재난의 시작과 끝의 징조(마 24:4-14)
'재난'은 해산의 고통을 뜻한다. 낡은 세계가 종말을 고하고 메시야로 말미암은 신세계가 탄생할 때에 해산의 고통이 따를 것은 불가피한 일이다.

③ 주의 임하심의 징조(마 24:23-31)
번개가 번쩍임같이 오신다. 그리스도의 재림은 돌연적이고 일반적이며 명백한 것이다. 각인의 눈이 그를 볼 것이다.
"구름을 타고 능력과 큰 영광으로 오는 것을 보리라"

④ 하나님 나라 임하심의 징조(마 24:32-51)
마태복음 24장에는 세상 끝이라 말씀하셨는데 이 세상 끝이라는 것은 하나님의 나라가 임하시는 즉 하나님의 나라가 실현되는 희망의 새날을 말한다. 그런 의미로 볼 때 하나님의 나라가 임할 때의 시기와 징조를 알 수 있는 것이다. 누가복음 21장에는 하나님의 나라가 임하심으로 소개 되어있다(눅 21:31). 종말의 사건을 밝히신 주님은 "깨어 있으라"고 말씀하신다. 그리고 연속되는 비유로 교훈하신다. 무화과나무의 비유, 노아의 날 비유, 충성된 종의 비유로 종말성도의 갖추어야 할 태도를 자세히 가르쳐 주셨다.

19
이 모든 일을 보거든 (마 24:32-44)

주님께서 말씀하시기를, "이와 같이 너희도 이 모든 일을 보거든 인자가 가까이 곧 문 앞에 이른 줄 알라"고 하셨다. 또한 "이 세대가 지나가기 전에 이 일이 다 이루리라 천지는 없어지겠으나 내 말은 없어지지 아니하리라"고도 말씀하셨다. 이 모든 일은 무엇일까?

1. 감람산의 대화와 요한계시록

마태복음 24장, 마가복음 13장, 누가복음 21장의 내용을 가르쳐 복음서의 소계시록이라고 한다. 특별히 마태복음 24장을 다시 한 번 성령으로 감동하여 재조명하시고 확신케 하신 것이 요한계시록 6-7장이다.

주님께서 육신을 입고 감람산에 계실 때 제자들에게 장차 될 일들을 말씀해 주셨는데, 이것을 밧모섬에서 사도요한에게 다시 설명하여 주셨다. 감람산의 대화도 요한이 질문하였고(막13:3-4) 밧모섬의 계시도 요한이 받은 것이다.

요한은 주님의 가장 사랑하시는 제자였다. 예수님의 품에 의지하여 먹기도 하고 듣기도 하였고 주님은 그에게 그 어머니를 부탁하실 만큼 가장 사랑하셨다. 이같은 제자 요한에게 감람산의 계시를 다시 조명하여 주신 것이 요한계시록이다. 그러므로 요한계시록도 예수님의 계시이고 감람산의 계시도 예수님의 계시이므로 그 내용은 같다. 주께서 예언하신 이 모든 일이 이루어질 때에 일어나는 징조들을 알아본다.

2. 간접적인 징조
주님께서 다시 오실 때까지 세상에서 일어나는 징조로써 주님 오시는 날이 가까울수록 점점 더 많아질 징조다. 즉 미혹, 전쟁, 기근, 지진, 사회적 혼란, 사랑이 식어짐, 복음전파 등이다.

3. 직접적인 징조
이것은 단일 사건으로서 분명한 시기를 알 수 있는 큰 사건이다.
(1) 예루살렘의 멸망과 회복
주님은 예루살렘이 멸망하여 이방인의 때가 차기까지 짓밟힐 것이지만 결국 다시 회복되어 그곳에 멸망의 가증한 것이 서게 될 것을 말씀 하셨다(눅 21:24, 마 24:15).
(2) '멸망의 가증한 것'의 등장
주님이 인용하신 말씀 '멸망의 가증한 것'은 다니엘 9장 27절, 11장 31절, 12장 11절등을 가리키는데 거룩한 곳에 선다는 것은 성전에 서게 될 것을 뜻한다. 이때에 세상에는 큰 환난이 있게 될 것인데 창세로부터 지금까지 이런 환난이 없었고 후에도 없을 전무후무한 환난이 임한다(마 24:21). 그 환난 후에 주님이 재림하실 것이다(마 24:15-31).
이 모든 일들이 반드시 있고 난 후에 주님이 재림하여 오신다는 것이다. 우리는 주께서 말씀하신 이 모든 일들을 정확히 알고 깨어 준비하는 신앙인이 되어야 한다.

<감람산의 대화 공관복음 비교>

마태복음 24장	마가복음 13장	누가복음 21장
• 미 혹(4-5) • 난리의 소문(6) • 전 쟁(7) • 기근과 지진(7-8) • 환난(9-12) • 천국복음이 온 세상에 전파됨(14) • 멸망의 가증한 것 등장(15) • 큰 환난의 날 (15-27) • 하늘의 권능이 흔들림(29) • 인자의 재림(30) • 천사들을 보내 성도를 모음(31) • 무화과나무의비유 (32-37) • 노아의 때(38-39)	• 미 혹(5-6) • 난리의 소문(7) • 전 쟁(8) • 지진, 기근(8) • 환 난(8,9) • 복음이 만국에 전파됨(10) • 멸망의 가증한 것 등장(14) • 환난의 날 (15-23) • 환난 후 하늘의 징조(24-25) • 인자의 재림(26) • 천사를 보내어 자기백성모음(27) • 무화과나무의비유 (28)	• 미혹(8) • 난리의 소문(9) • 전 쟁(10) • 지진과 기근과 온역(11) • 무서운 일과 하늘 큰 징조들(11) • 환난과 핍박 (12-19) • 예루살렘의 멸망 (20-24) • 일월성신의 징조 바다와 파도의 성난 소리(25-26) • 인자의 재림(27) • 무화과나무비유 (29-30) • 하나님의 나라 임하심(31)

20
멸망의 가증한 것(마 24:15-22)

마태복음 24장 15절에서 예수님은 '멸망의 가증한 것'이라고 하셨다. 다니엘의 말한바 멸망의 가증한 것은 다니엘 9장 27절과 11장 31절, 12장 11절을 가리킨다.

1. 멸망의 가증한 것

다니엘은 "가증한 것이 날개를 의지하여 설 것이며"(단 9:27) 라고 했고, 예수님은 "다니엘의 말한바 멸망의 가증한 것이 거룩한 곳에 선 것을 보거든(읽는 자는 깨달을진저)" 라고 하셨다(마 24:15). 사도 바울은 '불법의 사람 곧 멸망의 아들'(살후 2:3)이라고 했고, 사도요한은 '짐승'이라고 하였다(계 13:1). 이 모두는 동일한 마지막 적그리스도를 칭하는 것이다. 마태복음 24장의 말세론은 사도바울의 말세론이나 사도요한의 말세론과 같고 다니엘의 말세론과 같다.

다니엘의 말세론의 중심은 다니엘 9장 27절에 있는데 그것은 적그리스도의 마지막 한이레이다. 이 마지막 한이레가 이미 예수님 당시에 다 끝나 버렸다는 과거적 해석 방법을 취하는 신학자들도 있으나 대부분의 신학자들은 예수님 재림 직전에 있을 7년 기간임을 믿고 따른다. 원어적 증거, 문법적 증거 등 여러 가지 방법으로 마지막 한이레가 과거에 있었던 예수님의 구속사건으로 끝났다고 주장하는 자들이 있지만 가장 정확한 해석자는 이 말씀의 저자이신 예수님 밖에 없다.

예수님은 마태복음 24장에서 적그리스도의 한 이레를 말씀해 주신 것이다. 다니엘이 예언한 한 이레는 예수님의 재림직전에 올 환난기간임을 증거 하신 것이다. 예수님은 '다니엘의 말한바 멸망의 가증한 것' 즉 '적그리스도의 마지막 한이레'를 확증해 주신 것이다. 그래서 예수님의 적그리스도에 대한 증거는 다니엘의 말한바 멸망의 가증한 것을 증거 하신 것이고, 다니엘 9장을 배경으로 말씀하신 것이다.

적그리스도의 활동은 그가 세상의 많은 사람들과 한 이레 동안의 언약을 굳게 정한 때부터 시작되지만, 적그리스도로 인한 환난의 때는 한 이레의 절반인 1,260일이 지난 후 부터이다. 다니엘 12장 11절에서 알 수 있듯이 매일 드리는 제사를 폐하며 멸망케 할 물건을 세울 때부터인 것이다.

마지막 한이레인 마지막 7년은 둘로 나뉘어져 있다. 성경에 "그 이레의 절반에 제사와 예물을 금지할 것이며 또 포악하여 가증한 것이 날개를 의지하여 설 것이며 또 이미 정한 종말까지 진노가 황폐케 하는 자에게 쏟아지리라"고 기록되었기 때문이다(단 9:27).

2. 전무후무한 핍박

멸망의 가증한 것, 즉 적그리스도는 성도들에게 전무후무한 핍박을 가할 것이다. 이 기간 동안에 성도들은 죽기도 할 것이고(요 16:2) 감옥에 들어가기도 할 것이다(마 24:9-10, 눅 21:16, 계 2:10). 재산을 빼앗기기도 할 것이고(히 10:33-34) 혹은 산 속이나 땅 속으로 피해 다니며 방황하기도 할 것이다(히 11:36-38).

(1) 적그리스도는 성도를 무참히 핍박한다.

① 자기를 하나님이라 하며 신앙을 탄압한다(살후 2:4).

② 성도를 괴롭게 할 것이다(단 7:21, 25, 계 13:7).

③ 제사와 예물을 금지할 것이다(단 9:27).

　　④ 주의 종들을 이기고 죽인다(계 11:7).

　　⑤ 때와 법을 변개코자 한다(단 7:25).

　　⑥ 666표를 받게 한다(계 13:16-18).

　　⑦ 우상을 만들어 놓고 경배하게 한다(계 13:15).

 (2) 성도 핍박의 기간

큰 환난의 기간은 한 때와 두 때와 반 때이다. 성경에서 한 때와 두 때와 반 때는 마흔 두 달이다(단 7:25, 계 13:5).

큰 환난이란 천재지변이나 세계 대전으로 말미암는 재앙이 아니라 적그리스도로 말미암아 하나님의 성도와 교회가 당하는 환난을 뜻한다. 이 환난은 42개월 동안이다(단 9:27, 계 13:4-9).

예수님께서 감람산의 대화에서 말씀하신대로 "창세 이후에 이런 환난이 없었고 후에도 없을" 큰 환난이 다가오는 것이다(마 24:21).

 (3) 하나님은 환난의 날을 감하여 주신다.

"택하신 자들을 위하여 감하여 주시리라"

그 환난이 너무 심하기 때문에 오래 계속되면 결국 전 인류가 멸절할 것이나 택하신 자들을 위하여 그 환난의 기간이 단축되었다는 것이다. 이 말씀은 예루살렘 함락 때에 응하였고 또 종말적 대 환난 때에도 그럴 것이다. 아무리 혹독한 환난의 날이라 할지라도 하나님께서는 택한 백성을 사랑하시고 보호하시며 구원을 완성해 주신다.

21
예수님의 종말관(계 24:1-14)

신.구약 성경 전체에 흐르고 있는 대주제는 예수 그리스도와 그로 말미암아 이루어지는 하나님의 나라이다. 성경은 한분 예수 그리스도를 증거하고 있다(요 5:39, 눅24:25-27, 요일5:9). 하나님은 범죄한 인생들을 구속하시기 위하여 예수님을 보내신다고 약속했다(창 3:15). 그리고 언약대로 예수님은 오셨다(요 3:16, 갈 4:4-7). 십자가에 죽으시고 부활하신 예수님은 승천하셔서 하나님의 보좌 우편에 계시다가 기약이 차면 다시 오신다(계 22:20). 다시 오실 예수님의 종말관은 어떠한지 알아본다. 마태복음 24장과 25장은 종말론의 중요한 교리로써 24장은 예언이고 25장은 비유로 되었다. 특히 24장은 소계시록이라고도 한다.

1. 예루살렘의 멸망

예수님 당시의 성전은 헤롯이 건축한 것으로 제 3성전이라 불리웠다. 솔로몬이 건축한 제 1성전은 주전 586년 느부갓네살에 의해 파괴되었고, 바벨론에서 돌아온 후 스룹바벨이 주전 520년에 성전을 재건하여 신약 때까지 보존된 것이 제 2성전이고, 제3성전은 에돔인 헤롯이 유대의 분봉왕이 되자 유대인의 환심을 얻기 위해 주전 19년에 스룹바벨 성전의 개축을 명목으로 착공했다. 요한복음 2:20에 보면 예수님이 전도를 시작 했을 때 벌써 46년이나 공사가 계속되었고 주후 63년경 총독 알비누스 때 82년 만에 완공 하였다. 예수님은 이 성전의 장래를 아시고 "내가 진실로 너희에게 이르노니 돌 하나도 돌 위에 남지 않고 다 무너뜨리우리라"(마 24:1-2)고 예언하셨다. 이 예언은 주후 70년 로마의 디도에 의해 실현되었다.

2. 종말적인 사건들

제자들은 예수님께 종말에 관한 질문을 드렸다(마 24:3).
첫째는, 어느 때에 이런 일이 있습니까?
둘째는, 주의 임하심과 세상 끝에는 무슨 징조가 있습니까?
주님은 이 질문에 대하여 답변을 하셨는데 사람의 미혹을 받지 않도록 주의하라, 난리와 난리 소문을 듣겠으나 두려워 말라, 곳곳에 기근과 지진이 있으리니 재난의 시작이라고 하셨다(마 24:3-14).

3. 무서운 대 환난

마태복음 24:15-22에 보면, "그러므로 너희가 선지자 다니엘의 말한바 멸망의 가증한 것이 거룩한 곳에 선 것을 보거든(읽는 자는 깨달을진저)...이는 그 때에 큰 환난이 있겠음이라 창세로부터 지금까지 이런 환난이 없었고 후에도 없으리라 그 날들을 감하지 아니하면 모든 육체가 구원을 얻지 못할 것이나 그러나 택하신 자들을 위하여 그 날들을 감하시리라"(마 24:15-22)고 하셨다.

4. 만물의 마지막과 그리스도의 재림

최종적인 사건인 천체의 이변이 있고, 그 후에 주님이 재림하신다. 마태복음 24:29에서 "그 날 환난 후에 즉시 해가 어두워지며 달이 빛을 내지 아니하며 별들이 하늘에서 떨어지며 하늘의 권능들이 흔들리리라"고 하였다(벧후 3:10, 12, 계 6:13-14, 마 25:31, 계 6:15-17). "그 때에 인자의 징조가 하늘에서 보이겠고 그 때에 땅의 모든 족속들이 통곡하며 그들이 인자가 구름을 타고 능력과 큰 영광으로 오는 것을 보리라"고 하였다.

5. 무화과나무의 비유

무화과나무의 비유를 배우라 그 가지가 연하여지고 잎를 내면 여름이 가까운 줄을 아나니 이와 같이 너희도 이 모든 일을 보거든 인자가 가까이 곧 문 앞에 이른 줄 알라고 하였다(마 24:32-35). 주님의 비유의 말씀대로 이스라엘의 독립은 역사적인 실증계시가 된다. 천지는 없어지겠으나 주님의 말씀은 다 이루어진다(마 24:35).

6. 재림의 시기

"그 날과 그 때는 아무도 모르나니 하늘의 천사들도 아들도 모르고 오직 아버지만 아시느니라"고 하셨고, "생각지 않은 때에 인자가 오리라"고 하셨다. 세상의 사람들이 전혀 알지 못하는 때, 사람들이 예상치 못하는 때, 사람들이 대비하지 않는 때에 오신다. 주님의 영광스러운 재림의 광경을 도둑으로 비유한 곳이 신약 성경엔 다섯 곳에 있다(마 24:43, 살전 5:2, 벧후 3:10, 계 3:3, 16:15).

7. 깨어 있으라

주님이 언제 오실지 모르기에 깨어있으라고 하셨다(마 24:42, 44)

 (1) 충성된 종은 때를 따라서 양식(말씀)을 나누어준다. 이런 종은 주인이 올 때에 복이 있다.

 (2) 악한 종은 마음에 생각하기를 주인이 더디 오리라 하여 동료들을 때리며 술친구들과 더불어 먹고 마시게 된다. 그들은 첫째, 주님의 재림을 긴장감 있게 기다리지 않는다. 둘째, 충성되고 지혜 있는 참된 종들을 박해한다. 셋째, 술친구들과 더불어 무절제하게 허랑방탕한 생활을 한다는 것이다. 악한 종은 주인의 책망을 받는다.

22
하나님의 인 맞은 자(계 7:1-8)

계시록 6장은, 7장에서 나타나는 하나님 나라가 이루어지기까지 동원되는 인물, 사건, 과정 등을 말씀한 것이다. 그리고 계시록 7장은, 6장에서의 모든 일이 지난 후에 복음 운동으로 말미암아 이루어지는 하나님의 나라를 계시하고 있다. 특히 계시록 7장은 교회 운동의 완성을 보여 주고 있다. 첫째는 이스라엘에서 인 맞은 자의 광경이고(1-8절) 둘째는 이방에서 구원받은 자의 광경이다(9-17절).

1. 사방의 바람

땅에서 일어나는 크고 작은 사건에는 하나님의 선하신 의지가 작용하고 있다. 네 천사가 땅 네 모퉁이에 선 것은 바람을 맡은 천사들이다. 그들은 불을 맡은 천사(계 14:18), 물을 맡은 천사(계 16:5), 자연계를 맡은 천사들과 더불어 일한다.

사방의 바람은 하늘의 네 바람(단 7:2-3)이며 하늘의 네 병거인데 이들은 여호와께서 땅에 두루 다니라고 보내신 자들이다(슥 1:9-10). 그들은 "온 세상의 주" 앞에 모셔 섰다가 나가는 영물들이다(슥 6:1-8).

2. 하나님의 인

이마에 인을 친다는 것은, 노예들의 이마에 주인의 인으로 친 것에 관련된다. 이 인은 성령, 세례, 이기는 자가 받을 흰 돌, 성전의 기둥

등으로 해석해 왔으나 사실은, 보이는 인이 아니요 하나님만이 아실 수 있는 선민의 표지인 것이다. 그러므로 하나님의 인을 맞은 사람들은 성령의 인치심으로 말미암아 하나님과 어린양의 백성이 된 것을 말한다(계 14:1).

(1) 성령의 인을 말한다(엡 1:13).
(2) 소유권이나 보증을 나타내는 표시다(아 8:6, 사 43:1).
(3) 보호를 보장받는 자임을 나타낸다(계 7:3).
(4) 성별의 표식이다(계 7:3).
(5) 진짜임을 나타낸다(계 7:2, 단 6:10).
(6) 구원의 표식이다(계 14:1, 계 7:8-10).
(7) 짐승의 표(계 13:16)를 받는 것과는 대조를 이룬다.

3. 인 맞는 자의 수

(1) "십사만 사천"에 대한 견해는 세 가지가 있다.
  ① 순교한 그리스도인으로 보는 견해
  ② 아브라함과 야곱의 혈통적후손인 유대인으로 보는 견해
  ③ 유대인과 이방인들로 구성된 완성된 교회로 보는 견해
(2) "십사만 사천"을 구원받은 성도들의 상징적 숫자로 여긴다. 이것은 영적인 이스라엘의 총수를 의미한다. 예수 그리스도 안에서 구원받기로 작정된 예정의 총수인 것이다.
  ① 교회는 참 이스라엘이기 때문이다(롬 2:9, 29, 약 1:1).
  "표면적 유대인"이 유대인이 아니요 "이면적 유대인"이 참 유대인이라는 말씀(롬 2:28-29)을 따라 이들은 성령의 인치심으로 유대인과 이방인 중에서 구원을 얻은 성도들의 상징적 숫자로 여긴다.
  ② 계시록 14장 1절에서, 십사만 사천은 구원받은 백성을 의미하기 때

문이다. 그러므로 계시록 7장 4절은 계시록 7장 9절, 계시록 14장 1절과 동일한 의미이다.

4. 성도의 준비

(1) 인침이란 무엇인가.

인침이란 사전적으로 하나님께서 성령을 통하여 구원하실 하나님의 백성을 특별하게 구별하시는 도장을 찍는 싸인을 의미한다.

성령의 임재로 말미암아 예수 그리스도의 십자가의 피로 죄 사함 받아 의인 된 확신 곧 거듭남을 말하며, 하나님의 백성으로서의 거룩케 됨을 말씀하는 것이며 성령의 능력으로 무장되는 것을 말한다. 그러므로 우리는 환난 날이 이르기 전에 그리스도 예수의 보혈로, 말씀으로, 성령으로 확실한 하나님의 백성으로서 확신을 가져야 할 것이다 (겔 9:4, 롬 4:11, 딤후 2:19, 고후 1:22, 엡 1:13, 엡 4:30).

(2) 바람 불기 전에 인침으로 준비하라

하나님은 바람이 불기 전에 성도들에게 먼저 인을 치심으로 준비케 하셨다(수 1:11, 수 1:14, 수 3:5, 딤후 2:21). 하나님은 이처럼 우리 모든 성도들이 미리 준비하고 인침을 받을 수 있도록 기회를 주신다. 그러므로 우리는 이같은 기회를 잃지 말고 때를 바로 분별하여 성령의 권능 받아 준비해야 한다.

23
셀 수 없는 큰 무리(계 7:9-17)

하나님께서는 유대인이나 헬라인이나 천하 만민이 복음의 축복에 동참하게 하셨다. 하나님은 일찍이 이 같은 사실을 아브라함에게 알려 주셨다(창 12:1-3, 22:17-18).
바로 이 예언의 말씀이 완성되어 그 수가 하늘의 별처럼 많아져서 하나님의 나라를 기업으로 얻게 되는 성경이 바로 계시록 7장인 것이다(창 15:5).

1. 인 맞은 자들(계 7:9-14)

(1) 능히 셀 수 없는 큰 무리다.

각 나라와 족속과 백성과 방언에서 아무라도 능히 셀 수 없는 큰 무리라고 했다. 어떤 자라도 영원히 그 수를 셀 수 없을 만큼 많은 수의 무리이다. 마치 아브라함의 자손을 뭇별이라고 함과 같이 능히 셀 수 없음을 말한다. 이들은 모든 족속, 모든 방언, 모든 나라들 중에서 예수님을 믿고 구원 받은 자들이다.

(2) 흰 옷을 입었다.

계시록 7장 13절에는 흰 옷을 입은 자들이라고 했다. 어린 양의 피에 그 옷을 씻어 희게 하였다고 했다. 사죄의 은혜는 십자가의 사랑으로 이루어지고(벧전 1:18-19), 방법은 오직 믿음뿐이며(엡 2:8), 구원은 전혀 은혜로 된 것이다(엡 2:8). 흰 옷 입은 자들은 어린 양의 피에 그 옷을 씻어 희게 하였기 때문이다.

(3) 손에 종려 가지를 들었다.

손에 종려 가지를 들고 있다고 했다. 계시록 7장 14절에는 큰 환난에서 나온 자들 이라고 했는데 이들은 큰 핍박으로부터 나오는 자들이다. 흰 옷 입은 무리들은 환난을 통과한 자들이다. 예수님께서 십자가를 지시고 고난을 승리로 이끄신 것처럼 우리는 이 세상에서 역경의 환난을 통과하는 것이다(요 16:33, 행 14:22).

(4) 하나님의 보좌 앞에 능히 설 수 있다.

보좌에 앉아 어린 양 앞에 서 있다고 했다. 인 맞은 자들은 하나님의 보좌 앞과 어린 양 앞에서 밤낮 하나님을 섬기면서, 하나님의 구원의 은혜에 감사하며 찬송과 영광을 돌리는 것이다(계 7:15).

(5) 큰 소리로 구원을 고백한다.

큰 소리로 외쳐 가로되 구원하심이 보좌에 앉으신 우리 하나님과 어린 양에게 있다고 했다. 이것은 저들이 이 세상에 살 동안 생명의 신조였던 것이다.

2. 인 맞은 자들의 축복(계 7:15-17)

(1) 하나님의 보좌 앞에 있게 된다.

하나님의 보좌란 천국의 보좌 곧 주의 발등상을 말한다. 이 보좌를 가리켜 은혜의 보좌, 영광의 보좌, 성결과 위엄과 공의와 자비의 보좌라고 했다.

계시록 22장 4절에 '그의 얼굴을 볼 터이요' 라고 했는데, 마태복음 5장 8절대로 하나님을 친히 보는 자들이다. 하나님의 보좌는 저들의 평생소원이었다. 이제 유리하는 객이 아니라, 하나님 곁에서 영원한 영광에 거한다.

(2) 쉬지 않고 하나님을 섬기게 된다.

섬긴다는 말은 "예배 드린다", "제물을 드린다", "종이 된다"는 말인데 하나님께 예배하며 그를 위하여 봉사하는 것을 의미한다. 천국 자체가 성전이고, 만인이 모두 하나님을 섬기는 제사장이 된다. 죄를 위한 제사가 아니라 감사와 영광의 제사이다.

(3) 영광의 보호를 받는다.

장막을 친다는 말은 "함께 거한다"는 뜻으로, 하나님 자신의 영광이 저들을 안전하게 보장하고 있음을 뜻하는 것이다.

(4) 다함이 없이 충족하다.

다시는 주리지도 아니하며, 목마르지도 아니하고, 해나 아무 뜨거운 기운에 상하지 아니하리라고 했다(마 5:6).

(5) 어린 양이 목자가 되신다.

보좌 가운데 계시는 어린 양이 저희 목자가 되셔서 생명수 샘으로 인도하신다(시 23:1, 사 40:11, 요 10:11, 14, 벧전 2:25).

(6) 모든 눈물을 씻어 주신다.

시편 84편 6절에 성도는 이 세상을 눈물 골짜기라고 했다. 사망의 음침한 골짜기들이다. 그러나 신자들에겐 다른 차원의 눈물이 있다. 죄로 인한 회개의 눈물, 핍박의 눈물, 사명의 눈물, 기도의 눈물, 찬송 속에 흐르는 감사의 눈물, 서원의 눈물, 예수님 때문에 흘리는 눈물이 있다. 하나님께서는 저희의 눈에서 모든 눈물을 다 씻어 주신다.

24
흰 옷 입은 자들(계 7:13-14)

계시록 6장을 보면 흰말, 붉은말, 검은말, 청황색말 등의 계시가 있다. 흰말은 미혹의 역사를 말하고, 붉은말은 전쟁을 말하고, 검은 말은 무서운 흉작을 말하며, 청황색 말은 질병과 죽음을 말한다.

이런 계시가 있은 다음 계시록 7장에서 요한에게 흰 옷 입은 하늘의 성도를 보여 주셨다. 이는 무인도 밧모섬에서 박해로 말미암아 영육간에 시달린 그에게 큰 위로와 소망이 되었을 것이다. 흰 옷은 성결을 뜻하는 것인데 이는 그리스도의 보혈로 사죄를 받고 칭의의 영광으로 빛나는 것을 의미한다.

각 나라와 족속과 백성과 방언에서 아무도 능히 셀 수 없는 큰 무리가 흰 옷을 입고 나왔는데, 흰옷 입은 자들이 누구며 어디서 온 자들인지 생각해 본다.

1. 어린 양의 피

어린 양은 우리의 구주 예수님을 가리키는데 구체적으로 말하면 요한복음 1장 29절에 "세상 죄를 지고 가는 하나님의 어린 양"이요, 고린도전서 5장 7절에 "우리의 유월절 양 곧 그리스도께서 희생이 되신"것을 말한다.

그리고 유월절 어린 양이신 예수님은 마태복음 1장 21절의 이름의 뜻 그대로 "자기 백성을 저희 죄에서 구원할 자" 곧 택한 백성의 구주였다. 그 증거는 이스라엘 백성이 애굽에서 나오기 직전, 어린 양을 잡아 그 피를 문설주에 바른 이스라엘 집의 식구는 넘어갔고 그 피가 없는 애굽 사람의 집엔 장자가 죽는 비극이 일어났기 때문이다.

그러므로 여기 하나님의 나라에 들어갈 자는 어린 양 곧 그리스도의 보혈의 은혜로 말미암아 죄 사함을 받아 영원한 죽음을 면한 세계 각국의 택함을 받은 성도들을 말하는 것이다. 그러므로 우리는 요한복음 20:29에 "예수께서 가라사대 너는 나를 본고로 믿느냐 보지 못하고 믿는 자들은 복 되도다 하시니라"는 이 영원한 축복을 감사하며 주님께 영광을 돌려야한다.

(1) 창세전에 계획된 구원

하나님께서 천지만물을 창조하신 것은 말씀 한마디로 있으라 하시면서 쉽게 하셨지만, 우리의 구원은 창세전에 설계하시고 이 말세에 나타내어 주신 것이다.

그러므로 에베소서 1장 4-5절에 "곧 창세전에 그리스도 안에서 우리를 택하사 우리로 사랑 안에 그 앞에 거룩하고 흠이 없게 하시려고 그 기쁘신 뜻대로 우리를 예정하사 예수 그리스도로 말미암아 자기의 아들들이 되게 하셨으니" 라고 하였고, 베드로전서 1장 20절에는 "그는 창세전부터 미리 알린 바 되신이나 이 말세에 너희를 위하여 나타내신바 되었으니" 라고 하였다.

우리의 구원은 하나님의 깊은 섭리 속에 계획된 것이니 얼마나 그 내용이 오래된 것이며 뿌리 깊은 것인가를 알아야 한다. 천국에 들어간 성도의 할 일은 밤낮 어린 양의 구속을 찬송하는 것뿐이다.

(2) 주를 믿고 회개해야 한다.

그리스도의 은혜를 힘입어 천국에 들어가는 비결은 회개이다. "어린 양의 피에 그 옷을 씻어 희게 하였느니라"고 하였다. 이는 더러워진 옷을 빨듯이 주의 보혈로 죄 씻음 받아야 된다는 것이다. 그 앞에 나아가 죄를 고백하고 죄 용서를 받아야 하는 것이다.

십자가에 못 박힌 한편 강도는 예수님 앞에 죄를 고백하고 "예수여

당신의 나라에 임하실 때에 나를 생각하소서"라고 부르짖었더니 주께서 즉각 응답하고 말씀하시기를 "오늘 네가 나와 함께 낙원에 있으리라"는 축복을 받았다. 천국에 들어갈 자는 무죄한 자가 들어가는 것이 아니라 죄를 고백하며 용서 받는 자가 들어가는 것이다.

2. 환난을 통과한 자들

"이는 큰 환난에서 나오는 자들"이라고 하였다. 사실 예수를 믿으며 환난을 면할 수 없다. 그러므로 빌립보서 1장 29절에 "너희에게 은혜를 주신 것은 다만 그를 믿을 뿐 아니라 또한 그를 위하여 고난도 받게 하려 하심이라"고 하였고, 사도행전 28장 22절에는 "이 파에 대해서는 어디서든지 반대를 받는 줄 알기 때문이라"고 하였다.

디모데후서 3장 12절에는 "무릇 그리스도 예수 안에서 경건하게 살고자 하는 자는 박해를 받으리라"고 하였고, 요한복음 15장 20절에는 "사람들이 나를 박해하였은즉 너희도 박해할 것이요"라고 하였다. 특히 사도행전 14장 22절에는 "우리가 하나님의 나라에 들어가려면 많은 환난을 겪어야 할 것이라"고 하였다.

성도는 어떻게 해서든 핍박을 면하거나 피해보려고 할 것이 아니라 주 안에서 즐거움으로 당해야 하는 것이다. 어린 양의 속죄를 받았으니 기쁨으로 주를 위해 살다가 그 나라에 들어가야 할 것이다(마 5:11-12).

25
나팔 불기를 준비하더라(계 8:1-6)

계시록 6장에서 여섯째 인까지 떼어진다. 8장에 와서 마지막 일곱째 인을 떼게 된다. 일곱째 인을 떼자 하늘이 반시 동안쯤 고요해졌다. 이는 나팔로 인하여 일어날 사건전의 일시적인 고요한 상태이며 폭풍 전야와 같다. 그리고 본격적인 환난이 일어나기 직전의 정적의 순간이다(습 1:7). 계시록 8장에서 일곱 나팔재앙이 다가옴에 따라 나팔의 기원에 대하여 알아본다.

1. 하늘이 반시간 쯤 고요한 때

반시간 쯤 고요한 때란 짧은 순간의 시간을 뜻한다. 이때에 일곱 천사가 나팔 불기를 예비하는 때다.

(1) 천사가 받은 일곱 나팔

하나님의 심판을 집행하는 일곱 천사가 나팔을 불려고 준비한다. 나팔을 부는 목적은 심판의 날에 하나님의 백성을 구원하시며 그리스도의 나라를 이루어 주와 함께 다스리시는 영원한 복을 주시기 위함이다.

(2) 천사가 받은 금향로

천사가 금향로로 표현된 성도의 기도들을 보좌 앞 금단에 드리고자 한다. 향연이 성도의 기도와 함께 천사의 손으로부터 하나님 앞으로 올라간다. 향은 곧 기도다(계 5:8, 시 141:2, 벧전 4:7).

(3) 제단 위의 불을 쏟음

천사가 향로를 가지고 단위의 불을 담아다가 땅에 쏟는다. 여기에 나타난 불은 창세 이래로 없는 환난이다. 단위의 불이 땅에 쏟아지는 대 환난은 4가지가 동반되었는데, 우뢰와 음성과 번개와 지진이 일어났다.

2. 일곱 나팔의 기원

(1) 나팔의 근원은 하나님

하늘 보좌에 계시는 하나님 앞에 시위한 일곱 천사가 있어 일곱 나팔을 받아서 나팔을 불게 된다(계 8:1-6). 나팔의 근원은 보좌에 앉으신 하나님이시다.

(2) 나팔의 목적

일곱째 천사가 나팔을 불게 될 때에 하늘에 있는 하나님의 성전이 열리니 성전 안에 하나님의 언약궤가 보이며 또 번개와 음성들과 우뢰와 지진과 큰 우박이 있는데(계11:19) 이것을 땅에 쏟으시므로 '세상 나라가 우리 주와 그 그리스도의 나라가 되어 그가 세세토록 왕노릇' 하실 것이라고 하였다(계11:15). 이것이 나팔을 부는 궁극적인 목적이다. 성도에게 새 하늘과 새 땅을 유업으로 주신다.

(3) 나팔의 기원

나팔의 기원은 민수기 10장에 있다(민 10:1-10, 수 6:1-21).

　① 나팔제작을 지시하신 이는 여호와 하나님이시다(민 10:1-2).

　② 나팔제작 재료는 은이다(민 10:2).

　③ 제작상황은 이스라엘이 행진할 때 명을 받았다(민 9:1-20).

(4) 나팔의 용도

　① 회중을 소집할 때(민 10:2-4)

　② 진을 진행케 할 때(민 10:2, 5-6)

③ 대적을 치러 나갈 때(민 10:9)

④ 희락의 날, 정한 절기, 초하루(민 10:10)

⑤ 그 외에 경고할 때(겔 33:1-6)

 (5) 나팔이 울려 불어진 때

특히 전쟁의 날에 나팔이 울려 불어졌다(민 31:1-8, 대하 13:13-18, 수 6:1-21). 신약의 마지막 때에도 일곱째 천사의 나팔 소리와 함께 예수님 재림하시고, 세상나라가 무너지며 하나님 나라가 이루어져서 성도들이 그 나라를 영원한 유업으로 얻게 될 것이다(계 11:15, 21:7).

계시록 8장 ~11장의 일곱 나팔 사건은 하나님의 큰 일이 이루려 할 때 불릴 것이며, 세상 권세는 깨어지고 하나님의 나라가 이루어져 성도들이 영원한 나라를 유업으로 얻게 될 것이다. 일곱 천사가 나팔을 불면 이 땅에 세 가지의 재앙과 세 가지의 화가 임하게 된다. "화"는 영적인 심판이고 "재앙"은 육적인 재난을 의미한다.

① 세 가지 재앙

　가. 첫째재앙(계 8:7-12)-남북전쟁(첫째나팔~넷째나팔)

　나. 둘째재앙(계 9:13-19)-동서전쟁(여섯째나팔)

　다. 셋째재앙(계11:15-18) - 아마겟돈전쟁(일곱째나팔)

② 세 가지 화

　가. 첫째 화(계 9:1-12) - 심령이 병듦(다섯째나팔)

　나. 둘째 화(계 11:1-14) - 영적으로 죽음(여섯째나팔)

　다. 셋째 화(계 11:15-18) - 영원한 심판(일곱째나팔)

26
일곱 천사와 일곱 나팔(계 8:7-13)

계시록 8장 ~ 11장은 "이 후에 마땅히 될 일"에 대한 본론이라고 말할 수 있다. 특별히 계시록 8장은 첫째 천사로부터 넷째 천사의 나팔 재앙을 통하여 세계적으로 일어날 큰 전쟁을 예고하고 있다.

1. 큰 전쟁의 나팔(남북전쟁)

첫째나팔부터 넷째나팔까지는 큰 전쟁의 여파로 말미암아 자연계가 파괴되는 과정을 보여주는 말씀이다. 종말의 때에 일어나게 될 무시무시한 큰 전쟁의 결과인 것이다.

(1) 첫째나팔

첫째 천사가 나팔을 부니 피 섞인 우박과 불이 나와서 땅에 쏟아졌다. 땅의 삼분의 일이 타 버리고 수목의 삼분의 일도 타 버리고 각종 푸른 풀도 타 버렸다.

(2) 둘째나팔

둘째 천사가 나팔을 부니 불붙는 큰 산과 같은 것이 바다에 던져졌다. 바다의 삼분의 일이 피가 되고 바다 가운데 생명 가진 피조물들의 삼분의 일이 죽고 배들의 삼분의 일이 깨졌다.

(3) 셋째나팔

셋째 천사가 나팔을 부니 횃불 같이 타는 큰 별이 하늘에서 떨어져 강들의 삼분의 일과 여러 물 샘에 떨어졌다. 물의 삼분의 일이 쓴 쑥이 되어 그 물이 쓴 물이 되므로 많은 사람이 죽었다.

(4) 넷째나팔

넷째 천사가 나팔을 부니 해 삼분의 일과 달 삼분의 일과 별들의 삼분의 일이 타격을 받아 그 삼분의 일이 어두워졌다.

2. 큰 전쟁의 결과

첫째 나팔은 땅위의 환난을 일으키나 인명피해는 없고, 둘째나팔에서는 동물이 해를 받고, 셋째나팔은 사람이 죽고, 넷째나팔에서 천체가 침을 받는다. 이는 인류의 큰 핵전쟁으로 말미암아 일어나는 세계적인 전쟁의 결과를 의미한다.

8장의 말씀은 세상에 임할 재앙이 현재보다 장래에 더 많을 것을 암시하고 있다. 이 세상의 끝 날이 가까울수록 재앙은 더욱 많고 클 것을 가르친다(계 8:13, 15:1). 8장 13절에는 공중에 날아가는 독수리 한 마리가 등장한다. 독수리는 공중에 날아가면서 큰 소리로 '땅에 거하는 자들에게 화, 화, 화가 있으리로다' 라고 했다. 이 외에도 '세 천사들이 불어야 할 나팔 소리가 남아있음이로다' 라고 했다.

8장에서는 넷째 나팔까지 불었지만 이 나팔로 인하여 앞으로 세 나팔을 더 불게 되는데 이 세 나팔은 '화' 로 임할 것이다. 다섯째 나팔이 첫째 화, 여섯째 나팔이 둘째 화, 일곱째 나팔이 셋째 화로 세상에 임할 것이다.

이러한 때에 주님의 계시의 말씀을 읽는 자와 듣는 자와 지키는 자들이 복 있는 자라고 하였다. 이 예언의 말씀을 잘 배우고 지켜서 신부의 단장을 갖출 수 있어야 할 것이다.

〈일곱 천사의 일곱 나팔〉

나팔	첫째	둘째	셋째	넷째	다섯째	여섯째		일곱째	
성경	계8:7	계8:8,9	계8:10,11	계8:12	계9:1-11	계9:13~21	계11:1~4	계11:15~18	
재앙화	1재앙				1화	2재앙	2화	3재앙	3화
영향	육적, 땅				영, 심령	육적, 땅	영, 심령	육적, 땅	영,심령
내용	3차 대전					동서 전쟁		아마겟돈 전쟁	
무엇이	피섞인 우박과 불	불붙는 큰산과 같은 것	횃불 같이 타는 별		황충(악령 등) 무저갱 연기 가운데서	파병대 2만만이 큰강 유프라데에 일어남		예수님 재림 (하늘로서)	
어디에	땅	바다	강들의 1/3 여러 샘		이마에 하나님의 인맞지 아니한 사람들에	유프라데 강을 중심하여 동서 진영의 전쟁		적그리스도와 야합한 온 천하 임금들과 열국의 군대가 아마겟돈에 모임	
어떻게	땅의 1/3 수목의 1/3 각종 푸른 풀이 타서 사위	바다의 1/3이 피가 됨 바다의 생명 가진 피조물 1/3이 죽고 배들의 1/3이 깨어짐	물들의 1/3이 쑥이 됨. 물을 마신 자 가운데 많은 사람이 죽게됨	해 1/3 달 1/3 별들의 1/3이 침을 받음 밤과낮의 1/3 빛이 없어짐	다섯달 동안 괴롭게 하나 죽지는 못하게 함. 영, 혼, 몸에 병이 든다.	사람 1/3이 죽고 살아남은 자는 더욱 악해지고 만다.		1. 그리스도의 나라가 이루어짐. 2. 온 세상은 심판을 받고, 3. 주의 종들과 성도들에게는 상 주시고 그 나라를 다스리게 함.	
세상 심판 내용	(남북전쟁, 인류 핵전쟁) 겔 38-39장, 단 11:40-45					동서전쟁 계 16:12		아마겟돈 전쟁 계 16:16-21 계 19:17-21 계 20:1-3	
기타	* 첫째나팔~넷째나팔은 전쟁의 결과 * 핵전쟁(히로시마 나가사끼,1945)과 화학전쟁 이후 지구상에서의 생물의 멸망은 과학, 기술적으로도 가능한 일이 되었다. * 전쟁이 일어나면 핵폭발로 인한 열과 폭풍으로 죽게 되며, 방사능으로도 죽음 * 마크하웰(mark harwell)에 의하면 핵의 겨울로 말미암아 타죽은 자보다 굶어죽을 사람이 많으리라 함				첫째~넷째 나팔로 인한 전쟁의 결과와 악령의 역사로 말미암아 정상적인 인간생활 아니다	* 계16장의 일곱 대접 의 하나님의 진노는 여섯째 나팔과 일곱째 나팔기간에 쏟아질 것임(계 16:2~16, 17~21) * 일곱째 나팔과 일곱째 대접은 동일한 것임			

27
큰 전쟁, 남북전쟁(겔 38:1-6)

요한계시록 8장에 기록된, 첫째나팔에서 넷째나팔까지의 재앙으로 자연계의 삼분의 일이 타고, 죽고, 깨지는 이 큰 전쟁은 언제 어떻게 일어나는 전쟁일까? 에스겔 38장, 39장에 보면, 하나님께서는 선지자 에스겔로 하여금 곡을 쳐서 예언하게 하셨다. 곡이 그 동맹군들과 함께 이스라엘 산으로 쳐내려 왔다가 멸망당하는 무서운 사건을 예언케 하셨다.
이것이 곧 세상 끝 날에 임할 세계 큰 전쟁(남북전쟁)이다. 역사 속에서 일어나게 될 세계 큰 전쟁을 "남북전쟁"이라고 하는 이유는 다니엘서 11장에 나타난 남방 왕과 북방 왕과의 싸움에 기인하는 것이다(단 11:40-45).

1. 전쟁의 주동자 곡

전쟁의 주동자는 '곡' 이다.
마곡 땅은 '로스와 메섹과 두발'을 포괄하는 명칭이다. 마곡의 곡은 오늘날의 러시아를 지칭하는 것으로 본다. 유대의 역사가 요세푸스는 마곡의 곡 땅에 거하는 자들을 야벳의 자손들로서 오늘의 러시아를 말한다고 주장했다.

(1) 역사적 근거

이들은 야벳의 자손으로서(창10:2-5) 흑해와 카스피해의 북방에 정착한 족속인 오늘의 러시아를 말한다(겔 38:2-4).

(2) 언어학적 근거

* 로스(깨노) - 토오라스산맥의 북부 볼가의 주변에 살던 종족으로

서 러시아 어원

* 메섹 – 모스크바의 어원
* 두발 : 토볼스크(위도: 50-60도, 경도 60-80도, 옛 소련 최대의 주)의 어원

이 세 지역을 지배하는 포괄적 세력이 곡이며, 이 세 지역은 오늘날 러시아를 말한다.

 (3) 지리적 근거

이스라엘의 극한 북방(겔 38:6,15, 39:2)은 소아시아와 흑해를 건너 위치한 러시아를 말하며 예루살렘과 모스크바(Moscow)는 남북으로 위도 56-57도, 경도 37-38도에 정확히 위치하고 있음을 알게 된다.

2. 곡의 동맹군

말년에 곡이 대장이 되어 큰 군대 동맹군을 이끌고 이스라엘로 쳐 내려올 것이다(겔 38:7-16).

 (1) 바사 : 이란(겔 38:5)

바사는 이스라엘의 동쪽에 있으며, 셈족 계통이다(창 10:22).

 (2) 구스 : 구스는 이스라엘의 남쪽에 위치한 나라로 오늘의 에디오피아, 아프리카 연합을 지칭한다. 이들은 함 자손이다.

 (3) 붓 : 붓 역시 이스라엘 지파 중 함 자손이며 이스라엘의 남쪽에 위치한 곳이다(리비아, 알제리, 튀니지, 모로코등 지중해 연합 북 아프리카의 아랍제국 등).

* 겔 27:10 "바사와 룻과 붓이 네 군대 가운데에서 병정이 되었음이여 네 가운데에서 방패와 투구를 달아 네 영광을 나타냈도다"
* 겔 30:5 "구스와 붓과 룻과 모든 섞인 백성과 굽과 및 동맹한 땅의 백성들이 그들과 함께 칼에 엎드러지리라"

(4) 고멜 : 이스라엘의 서쪽에 위치한 곳(겔 38:6), 오늘날 동유럽에 거주하는 나라. 야벳의 자손들이 이룬 나라이다(우크라이나, 독일, 폴란드, 체코, 동구라파 일부)

 (5) 도갈마 족속 : 역시 야벳의 자손으로 오늘날의 터어키 또는 아르메니아 지역, 시리아로 추정된다.

〈에스겔 38장, 39장 내용〉

전쟁의 근원적 주도자	이스라엘 하나님(겔 38:3-6)
전쟁의 도발자	곡(현재의 러시아) 겔 38:2-3
곡의 동맹군	바사, 구스, 붓, 고멜, 도갈마 족속(겔 38:2,6)
전쟁의 진격 목표지	이스라엘(겔 38:8, 11, 12, 16)
전쟁의 군비	큰 방패, 작은 방패, 활, 화살, 몽둥이, 창(겔 39:9)
전쟁의 양상	구름(광풍)같이 치러감(겔 38:9, 16)
전쟁의 결과	하나님의 심판 (겔 38:21,22, 겔 39:17-20)
정쟁 매장지	하목곡 골짜기(겔 39:11)
전후 정리 양상	무기: 7년 동안 불 태움(겔 39:9) 시체: 일곱 달 동안 매장(겔 39:12)
전후 이스라엘 회복	이스라엘 백성 귀향(겔 39:28)
전쟁의 의미 목적	하나님의 거룩함을 나타냄(겔38:16) 여호와가 하나님인줄 알게 함(겔38:23)

28
남북전쟁의 시기(단 11:40-45)

다니엘서에 보면, "또 끝까지 전쟁이 있으리니 황폐할 것이 작정되었느니라"(단 9:26)고 하였다. 이 전쟁에 대하여 다니엘 11장 40절 이하와 에스겔 38-39장, 계시록8장이 우리에게 자세히 소개한다. 다니엘 11장 40절에 나타난 '마지막 때에' 라는 말에 유념해야 한다.

남방 왕과 북방 왕이란 이스라엘을 중심으로 그 방위가 결정된다고 볼 수 있는데, 북방 왕은 예루살렘의 극한 북방에 위치한 러시아이며 남방왕은 이스라엘을 중심으로 남부에 위치한 세력들인데 그 주동자는 미국을 들 수 있다.

1. 남북전쟁의 시기
(1) '말년' 에 일어나는 전쟁이다(겔 38:8).
(2) '끝날' 에 일어난다(겔 38:16).
(3) '마지막 때에' 일어나는 것이다(단 11:40).

구약시대의 마지막 때에 천하가 4분화 되었고(단 8:5-8, 20-22, 11:3-4) 남방 왕(애굽)과 북방 왕(시리아)의 싸움이 있었듯이(단 11:1-39), 신약시대의 마지막 때에도 세계가 4분화 될 것과 전쟁이 있을 것을 말씀하고 있다.

2. 남북전쟁의 상대국
(1) "마지막 때에 남방 왕이 그와 힘을 겨룰 것이나 북방 왕이 병거와 마병과 많은 배로 회오리바람처럼 그에게로 마주 와서 그 여러 나

라에 침공하며 물이 넘침같이 지나갈 것이요"(단 11:40)의 말씀에서 '남방 왕' 이란 이스라엘을 말한다.

(2) 실제적인 남방 왕 미국

현재 이스라엘은 군사 초강대국인 미국을 동맹국으로 하고 있다. 그러므로 실제적인 전쟁에서는 미국이 남방 왕으로서 곡의 무리와 싸우게 될 것이다.

(3) 성경은 세상 중앙에 거하는 백성을 중심으로 세계가 4 분화 될 것을 증거하고 있다. 남방 왕은 북방 왕 곡이 이스라엘 땅에 쳐 내려 올 때 곡을 대적하고 찌르는 역할을 하게 될 것이다.

(4) 북방 왕 러시아

러시아는 오랜 세월동안 세계 공산주의의 맹주의 위치에서 흔들림이 없다. 경제적 어려움이 극한 상황이나 군사력은 여전히 막강하다. 또한 중앙아시아 영향력은 강화하고 북아프리카의 이슬람 석유연합을 꾀하고 있다. 북방 왕은 그 동맹군을 장악 하리라 본다.

〈다니엘 11:40-45 내용〉

전쟁 당사자	남방 왕, 북방 왕(단 11:40)
최초 공격자	남방 왕 미국
전쟁 준비물	병거, 마병, 많은 배(단 11:40)
침공 양상	회리 바람 같이, 물이 넘침 같이
전쟁의 진격 지	영화로운 땅(단 11:41)
전쟁의 약탈 국	애굽, 리비아, 구스
전쟁의 결과	하나님의 심판(단 11:45)

3. 전쟁의 목적

(1) 물건을 겁탈하여 노략하기 위해서다(겔 38:12).

(2) 탈취하기 위해서다(겔 38:13).

(3) 은과 금을 빼앗고 짐승과 재물을 취하기 위해서다(겔 38:13). 구름이 땅을 덮음같이 내 백성 이스라엘을 치러 오리라(겔 38:16)

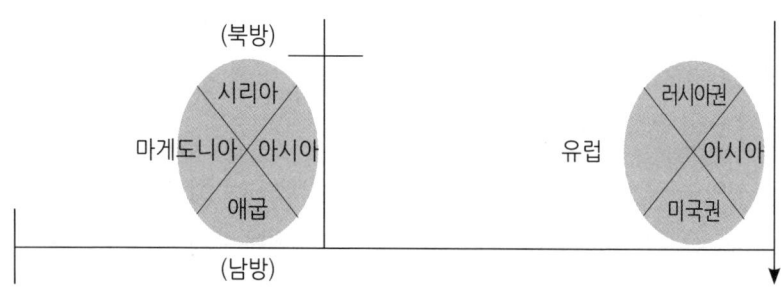

〈구약의 마지막 때, 신약의 마지막 때〉

* 구약의 마지막 때

* 신약의 마지막 때

구약의 세계사는 애굽, 앗수르, 바벨론, 페르샤, 헬라에 이르러서 헬라가 4분화 되어 로마가 일어나기 까지 세계를 지배했다. 이때에 남북 전쟁이 계속 되면서 적그리스도가 일어났고(안티오커스 4세 에피파네스)그 후에 주님이 오시게 된 것이다(초림).

신약의 세계사는 로마 이후 세계가 각기 독립하기 시작하여 오늘날 240여 개국에 이르게 되었으나 세계는 뭉쳐지기 시작하여 오늘날에는 미국권, 유럽권, 구소련권, 아시아권으로 나뉘어 지고 있다..

29
남북전쟁의 결과(단 11:40-45)

어마어마한 세계 인류 핵전쟁인 남북전쟁은 어떻게 될까? 전쟁의 그 전황과 결과를 성경에서 알아본다.

1. 남북전쟁의 전황

(1) 먼저 남방 왕이 북방 왕과 힘을 겨룰 것이다(단 11:40).

(2) 북방 왕이 '회오리바람처럼', '물이 넘침같이' 영화로운 땅(이스라엘, 예루살렘)에 들어갈 것이며(단 11:40-41) '광풍같이' 이르고 '구름같이' 땅을 덮을 것이다(겔 38:9).

(3) 에돔과 모압과 암몬 자손의 지도자들은 그의 손에서 벗어나게 될 것이다(단 11:41).

(4) 애굽 땅도 면치 못할 것이며 곡이 금과 은의 모든 보물을 차지할 것이다(단 11:42-43).

(5) 리비아와 구스가 그의 시종이 될 것이다(단 11:43).

(6) 장막 궁전을 바다와 영화롭고 거룩한 산 사이에 세울 것이나 그의 종말이 이르게 될 것이다(단 11:45).

2. 남북전쟁의 결과

(1) 곡이 이스라엘 땅을 치러오면 하나님의 얼굴에 '노여움'이 나타나게 된다(겔 38:18).

(2) 곡은 하나님의 심판을 받아 멸망한다(겔 38:18-23, 39:1-7).
(3) 시체는 새와 들짐승들의 밥이 된다(겔 39:1-4, 17-20).
(4) 그의 군대는 패망하고 그 병기들은 불타게 된다.
이스라엘 사람들은 무기를 불태우는데 칠년이 걸린다(겔 39:9). 이스라엘이 칠년 동안이나 곡의 병기들을 불사른다고 한 것은 두 가지 사실을 알려주는데, 첫째는 곡이 그렇게 많은 병기를 가져 왔어도 패전한 것은 하나님이 패전케 하셨음이요, 둘째는 이스라엘은 승전이 하나님께 달렸음을 알고 그 병기를 국방에 쓰지 않고 하나님만 의지함을 보여 준 것이다.

① 이스라엘은 여호와가 그들의 하나님이시고 항상 그들과 함께 하실 줄 알게 된다.
② 이방인은 그 자신이 땅에서 쫓겨나게 되었는데 이는 약해서가 아니라 불신 때문에 하나님의 형벌을 당한 것이다.

(5) 이스라엘은 전에 자기에게서 약탈하던 자의 것을 약탈하고 전에 자기에게서 늑탈하던 자의 것을 늑탈하게 된다(겔 39:10).
(6) 곡의 매장지는 하몬곡의 골짜기이며 그들을 매장하는 기간은 일곱 달이다(겔 39:11).
(7) 결국 남방 왕의 동맹국인 미국과 북방 왕이 되는 곡의 무리는 이 전쟁으로 말미암아 피차 망하게 될 것이다(겔 39:6).
(8) 이 세상에는 요한계시록 8:7-12에 기록된 대로 땅과, 바다와, 강과 물 샘의 근원과, 해와 달과 별 등 자연계의 1/3이 파괴되고, 죽고, 망하게 되리라는 예언이 성취되어 황폐한 세상이 된다.
피 섞인 우박과 불이 나와서 땅에 쏟아져 땅의 삼분의 일이 타 버리고 수목의 삼분의 일도 타 버리고 각종 푸른 풀도 타 버리고, 불붙는 큰 산과 같은 것이 바다에 던져지므로 바다의 삼분의 일이 피가 되고 바다 가운데 생명 가진 피조물들의 삼분의 일이 죽고 배들의 삼분의 일이 깨지고 만다(계 8:7-12).

(9) 요한계시록 8:7-12의 말씀은 핵전쟁의 양상을 보여준다.
과거에는 이 사건을 영해하여 횃불같이 타는 큰 별을 세계적으로 권위 있는 신학자의 타락으로 인한 신학계와 영계가 오염되고 그로 인해 그 영향을 받은 영혼들이 다 죽었다고 보았다. 그러나 과학이 발달한 오늘날에는 이 예언이 전쟁을 가리키는 것으로 이해한다. 그러므로 요한계시록 8:7-12의 말씀은 핵전쟁의 양상과 그 결과를 우리에게 보여주고 있는 것이다.
지금은 하늘이 반시간쯤 고요한 때이다. 지금은 나팔 불기를 예비하는 때인 것을 알아야 한다(계 8:1-2).

<요한계시록 8:7-12 내용>

일곱 천사는 나팔 불기를 예비하다가 첫째 천사로부터 일곱째 천사까지 차례로 나팔을 불게 되는데, 첫째 나팔로부터 넷째 나팔까지는 남북전쟁, 즉 핵전쟁을 가리키고 있다.

◇ 피섞인 우박과 불 : 수많은 전투기가 날아와 땅에 폭격하는 장면을 연상할 수 있음.
◇ 불붙는 큰 산과 같은 것이 바다에 떨어짐 : 핵이 폭발할 때의 광경을 연상할 수 있음.
◇ 횃불같이 타는 큰 별 : 대륙간 탄도탄과 같은 유도탄이 불 같이 타는 큰 별로 보여 짐.
◇ 그 결과로 해, 달, 별의 1/3이 침을 받아 어두워짐.

30
남북전쟁, 하나님계획(겔 39:25-29)

남북전쟁을 통하여 하나님께서는 무슨 일을 이루실까? 세계 핵전쟁을 통한 하나님의 계획하시는 일을 성경말씀으로 알아본다.

1. 고국 땅으로 돌아오는 이스라엘

(1) 이방 나라에 하나님의 거룩함을 나타내신다(겔 38:16, 23).

(2) 이스라엘에게 하나님의 거룩함을 나타내신다(겔 39:7).

(3) 이스라엘 족속이 이방에 한 사람도 남기지 않고 고국 땅으로 돌아오게 하신다(겔 39:25-28).

(4) 이스라엘 백성들이 죄악을 뉘우치고 회개하게 하신다(겔 39:21-27, 슥 12:1-14).

이스라엘 족속을 회개시키시기 위하여 하나님께서는 "천하만국이 그것을 치려고 모이리라"하셨다(슥 12:3). 그러나 예루살렘을 치러오는 이방 나라들을 하나님께서 다 멸하셨고(슥 12:9) 그 날에 다윗의 집과 예루살렘 주민에게 은총과 간구하는 심령을 부어주셔서 그들이 그 찌른바 주님을 바라보며 회개하게 하시는 것이다(슥 12:10). 이스라엘 온 땅의 모든 족속은 독자를 위하여 애통하듯 하고 장자를 위하여 통곡하듯 하며 따로 따로의 회개운동이 일어난다.

(5) 고국땅에 돌아와 이스라엘의 역사원리대로 성전을 건축한다.

2. 예루살렘 성전건축

(1) 세계 큰 전쟁, 남북전쟁이 끝나면 하나님께서 이스라엘을 이방에 한 사람도 남기지 않고 고국 땅에 다 돌아오게 하신다(겔 39:25-28).

(2) 흩어진 유태인들이 고국에 돌아오면 예루살렘 성전이 있던 산에 이르러 하나님의 성전을 다시 세우는 것은 이스라엘의 역사 원리다.

(3) 일찍이 하나님은 세상 중앙의 가나안 땅을 택하시고 가나안을 대표하는 예루살렘 성을 택하셨으며 이것을 아브라함과 그의 자손에게 영원한 기업으로 주셨고 아브라함의 자손들은 예루살렘의 모리아 산에 하나님의 성전을 건축하였다.

(4) 그들이 하나님을 거역하고 불순종하며 우상을 섬기고 악을 행하면 하나님께서는 예루살렘 땅에서 자기 백성들을 뽑아 던져 버리심으로 이스라엘 백성들이 세상 열국으로 흩어지게 하시고 예루살렘의 하나님 성전도 던져 버리셨다(대하 36:19, 마 24:1-2).

(5) 저희가 진실로 회개하고 하나님께로 돌아오면 그들을 용서하시고 돌아온 백성들은 다시 예루살렘 모리아 산에 하나님의 성전을 세우도록 역사 하시는 것이 하나님의 약속이었다(학 1장-2장).

(6) 하나님께서는 남북전쟁 이후에 흩어져 있는 모든 유대인들을 한 사람도 이방에 남기지 않고 약속의 땅, 고토, 이스라엘로 돌아오게 하신다. 그때 예루살렘에 하나님의 성전을 건축하게 될 것이다.

(7) 마지막 때 하나님의 성전이 세워질 것을 성경은 증거 한다.

  ① 마지막 한 이레의 절반에 적그리스도가 제사와 예물을 금지하게 될 것을 말씀하고 있는데, 이는 이스라엘 백성들이 하나님께 제사와 예물을 드리는 '성전'이 이미 건축되어 있음을 시사하는 내용이다(단 9:27, 단 11:31, 단 12:11).

② 주님께서 친히 증거 하신 말씀에 보면 끝 날에 '멸망의 가증한 것' 이 거룩한 곳에 서게 될 것을 말씀하셨다. 여기서 거룩한 곳은 하나님의 성전이다. 그러므로 주님께서는 세상 끝 날에 예루살렘에 하나님의 성전이 세워질 것을 예고하신 것이다(마 24:14-15).

③ 마지막 적그리스도가 하나님의 '성전'에 앉아 자기를 하나님이라고 내세우게 될 것을 말씀하고 있다(살후 2:4). 불법의 사람 곧 멸망의 아들이 교회를 핍박하며 성도를 괴롭게 할 때에 하나님의 '성전'에 앉아서 자기를 하나님이라고 주장하여 숭배를 받는다. 그렇다면, 그 때에는 이미 하나님의 성전이 세워졌다는 말씀이다.

<이스라엘의 역사원리>

범죄 하면	흩어 버리심	왕상8:33-34, 레26:33, 신4:27, 신28:64, 느1:8, 시44:11, 렘15:4, 렘24:9, 렘29:18, 렘34:17, 대하29:8-9, 겔23:46, 렘9:16, 겔12:15, 겔20:23, 겔22:15, 슥7:14, 눅21:24
	끌려가게 하심	왕하17:4-6, 왕하24:12-14, 왕하25:7-11, 대하33:11, 대하36:6-20
회개 하면	돌아오게 하심	대하36:23, 대하36:22-23, 스1:1-5, 사43:5-6, 사49:11-13, 겔36:22-28
	모으심	시106:47, 신4:27-31, 사11:12, 사56:8, 신30:3-5, 느1:9, 렘29:14, 렘31:8,10, 겔20:34,41, 렘32:37, 겔34:13, 겔36:24, 사14:1, 암9:14-15, 렘12:14-15
	고토에 두심	겔37:14
돌아 오면	성전건축	암9:14-15, 대하36:22-23, 스1:2-4, 슥1:14-17, 겔37:25-28

31
남북전쟁의 전망 (겔 39:1-8)

요한계시록 8장 7-12절에 기록된, 첫째나팔에서 넷째나팔까지의 재앙으로 자연계의 삼분의 일이 타고, 죽고, 깨지는 이 큰 전쟁은 언제 어떻게 일어나는 전쟁일까?
지금부터 2,500년 전에 에스겔을 통하여 예언하신 하나님의 말씀대로 끝 날에 임할 세계 큰 전쟁, 곧 남북전쟁이다(겔 38장, 39장). 그렇다면 왜, 곡이 이스라엘을 쳐들어오는 것일까?

1. 이스라엘이 공격을 받는 이유

(1) 사해의 천연자원

사해는 죽음의 바다이지만 이곳에는 중요한 자원이 매장되어 있다. 농약, 플라스틱, 페인트의 원료가 되는 브로마인(Bromine)은 전 세계 소비량의 25%를 사해에서 생산하고 있으며, 전 세계가 앞으로도 1,000년 이상 계속해서 사용할 수 있는 양이 매장되어 있다. 또 핵무기의 원료가 되는 우라늄이 무진장 매장되어 있어서 세계열강들의 관심이 몰리고 있다. 그 외에도 칼슘, 마그네슘 등 여러 가지 광물이 풍부하게 매장되어 있다. 그래서 21세기의 인류문명은 중동의 석유와 사해의 화학자원에 달려 있다고 이야기 하는 것이다.

(2) 세계 석유의 75%가 중동에 매장되어 있다.

미국과 러시아가 지금까지 중동에 군사력을 증강시키고 날카롭게 대치하고 있는 이유 중의 하나가 중동의 석유 때문이라고 한다. 그래서 큰 전쟁은 중동의 석유 쟁탈전으로 벌어질 것이라고 학자들은 말을 하고 있다.

사실, 20세기에 들어서면서 중동에서 석유가 발견됨으로 인하여 비로소 중동이 세계의 각광을 받으며 세계의 무대가 되었다. 1908년 이라크를 시작으로 하여 1923년 바레인, 1932년 사우디아라비아, 1938년 쿠웨이트, 1940년 카타르에서 석유가 발견되었다. 현대 산업에서 석유는 절대적으로 중요하며 오늘날 우리들의 질 높은 문화생활을 석유에 의존하고 있다. 중동석유의 발견으로 말미암아 점차 세계의 이목이 중동으로 집중되기 시작한 것이다.

세계 2차 대전 후 세계 공업국들의 경제는 계속적으로 성장하여 사회의 안정을 가져왔으나 1973년의 석유 위기는 미국을 비롯한 선진공업국들에게 엄청난 경제적인 압박을 가져다 준 사건이었다. 미국은 향후 1,000년 간 사용 가능한 지하자원의 매장량을 자랑하여 왔으나 석유 위기를 맞으면서 그 쇼크로 인해 중동의 석유를 확보해야만 한다는 사실에 관심을 갖게 되었던 것이다. 2003년에 일어난 미·영 연합군과 이라크의 전쟁을 첫 번째 석유 전쟁이라고 할 정도로 세계의 석유에 대한 관심과 강대국의 석유 확보를 위한 노력은 거의 생존권을 건 싸움이 되고 있다. 학자들의 예측에 의하면 앞으로 세계의 석유는 중동에서만 생산되는 때가 도래할 것이라 한다.

 (3) 사해의 천연가스 매장량
 (4) 이스라엘의 지리적 유리함
아프리카와 아시아, 유럽의 교두보이며 관문의 역할을 한다.
 (5) 수에즈 운하
수에즈 운하는 이집트와 시나이 반도 사이에 있으며, 지중해와 홍해, 인도양과 태평양을 연결해 주어서 석유 수송 및 함대 운항의 중요한 위치를 확보하고 있다.

2. 세계 큰 전쟁, 남북전쟁의 전망

다니엘 11장 40-45절, 에스겔 38장-39장, 계시록 8장 7-12절에 나타난 남북전쟁(세계 핵전쟁)의 전망을 묘사하면 이렇다.

남방세력을 원조하는 미국은 중동에서의 어떤 사건으로 말미암아 북방 왕 러시아를 먼저 자극하게 될 것이다(단11:40). 이에 대한 러시아의 맹 반격이 이루어질 것이며 두 나라간의 전쟁은 핵전쟁으로 치닫게 될 것이다(계 8:7-12).

결국 남방 왕과 그 세력은 북방 왕 연합 세력에 의해 패배하게 된다. 이 전쟁으로 인해 전 세계 자연계의 1/3 은 폐허가 될 것이요, 핵전쟁으로 말미암은 대기권의 오염과 자연만물 생태계의 파괴가 이루어질 것이다(계 8:7-12).

북방 왕과 그 세력은 남방 왕의 세력을 멸절 시킨 뒤 애굽, 리비아, 구스를 비롯한 여러 나라를 점령하고(단11:42-43), 결국 이스라엘 땅으로 침공하게 된다(단11:41, 겔 38:8, 12, 16).

북방 왕의 세력이 이스라엘 산에 이르러 예루살렘으로 진격하기 직전에 하나님의 심판이 시작된다. 지진이 나서 산과 성벽이 무너지고 절벽이 떨어지며 전염병, 폭우, 우박, 불과 유황으로 비를 내리듯 하실 때 그들은 그 형제를 칼로 칠 것이다(겔 38:18-22).

결국 북방 왕 곡은 하나님의 손에 의해 철저히 멸망을 당하게 된다(겔 38:21-23, 39장, 단 1:44-45). 반드시 속히 일어날 일이다.

32
삼 화(계 9:1-12)

8장에서 첫째, 둘째, 셋째, 넷째 나팔재앙을 말하고 있다. 그리고 9장에서는 다섯째, 여섯째나팔재앙을 가르쳐준다. 같은 천사의 나팔이지만 어느 때는 "화'로, 또 어느 때는 "재앙"으로 말씀하고 있다. "화"는 사람의 심령에 임하는 영적인 재난과 심판을 말하며 "재앙"은 전쟁과 같이 사람의 육체나 땅에 임하는 재난과 심판을 말한다. 계시록 8장부터 11장안에는 삼 화와 삼 재앙이 있다. 삼 화는 무엇일까?

1. 첫째 화(다섯째 나팔)

(1) 황충의 재앙은 떨어진 별 하나로 시작된다(계 9:1-12).
하늘에서 떨어진 별 하나는 타락한 천사다(사 14:12, 눅 10:18). 하나님의 궁극적인 결재아래 제한적인 행동을 하는데 무저갱의 열쇠를 받았고 무저갱을 열며 황충을 다스리는 임금이었다(11).

(2) 황충재앙의 출처는 무저갱이다(계 9:2-3).
무저갱은 밑 없는 구렁텅이인데 지옥과는 구별되는 귀신들의 감옥이다. 지옥은 최종 형벌의 장소로 불과 유황 못이 있는 곳이다(계 20:10, 14, 15).

(3) 황충의 모양(계 9:7-11)
　① 전쟁을 위한 말들같이 신속하고 용감하다.
　② 얼굴은 사람 얼굴 같고, 여자의 머리털 같은 머리털이 있으니 언제나 광명한 천사로 위장한다.

③ 이빨은 사자의 이빨 같으니 잔인하고 무섭다.
 (4) 황충의 권세
황충은 자연 재앙이 아니라 영적인 재앙이다.
　　① 전갈의 권세를 받고 있다.
　　② 그 이마에 하나님의 인 맞지 않은 자들만 해한다(4).
하나님께서는 택한 백성들의 이마에 인을 치셨다(계 14:1).
　　③ 황충의 권세는 고통을 주는데 있다(6).
이 괴로움은 영혼을 찌르는 영적 아픔이요, 전갈과 같이 바늘로 찌르는 죽음보다 더한 고통이다. 죽이지 않고 살려놓고 죽음 이상의 고통을 더하는 이 사탄성은 잔혹하고 파괴적이다. 그러나 다섯 달 동안만 괴롭게 하는 제한성을 가졌다.
 (5) 성도들은 절대 안전 보장을 얻는다.
황충운동은 불신자의 죄를 심판하는 고통이다. 그 고통은 궁극적으로 하나님의 인 맞지 않은 자들이다. 저들은 벌써 이 세상에서도 죽음 이상의 지옥고통을 격고 있는 것이다. 그러나 하나님의 인 맞은 성도들은 황충이 임할 때 그냥 넘어간다. 살아계신 하나님의 인침 받은 성도들을 절대 해롭게 하지 못한다.
 (6) 결국 다섯째 천사의 나팔은 황충의 화(귀신의 화)를 말하는 것으로 이때가 되면 믿지 아니한 사람들의 인격과 심령 속에 악령들이 들어가게 될 것이며, 안 믿는 사람들은 죽음이 저희를 피함으로 죽고 싶어도 죽을 수 없는 다섯 달 동안의 큰 고통을 당한다.

2. 둘째 화(여섯째 나팔)

(1) 둘째 화는 여섯째 천사의 나팔 안에 있으며(계 9:13-21), 계시록 9장 13절부터 11장 13절이 둘째 화에 대한 기록이다.

(2) 황충의 해로 말미암아 영적으로 해를 받은 사람들은 양심의 화인을 맞아 회개할 마음도 없는, 영적으로 완전히 죽은 자들이 되는 것이다.

여섯째 천사의 나팔로 일어나는 동서전쟁, 즉 2억의 군대가 동원되고 사람 1/3이 또 죽는 무서운 전쟁이 있었음에도 불구하고 살아남은 자들은 절대 회개치 아니한다. 오히려 짐승(적그리스도)에게 경배하고(계 13:4) 짐승의 우상에게 경배하며(계 13:14-15) 이마에나 손에 짐승의 표(666)를 받으므로 영적으로 아주 죽는 화가 임한다. 이것이 둘째 화가 된다.

3. 셋째 화(일곱째 나팔)

때가 차면 예수님께서 재림하실 때 끝까지 복음을 거절하고 악을 행하는 자들을 심판하시어 영원한 지옥 형벌에 처하게 되는 화를 말한다(계 11:15-18). 영적으로 완전히 죽은 자들, 하나님으로부터 버림을 받은 자들에 대한 지옥불의 심판이 셋째 화가 된다.

이렇게 무서운 삼 화중에서도 하나님은 자기 백성을 보호하신다. 이 예언의 말씀을 읽고 듣고 지키는 생활을 통해서 영적 무장을 갖추어야 할 것이다. '네가 죽도록 충성하라 그리하면 내가 생명의 면류관을 네게 주리라'(계 2:10)는 약속의 말씀의 토대 위에 굳게 서서 마지막 싸움을 준비하는 자 되어야 한다.

33
삼 재앙(계 9:13-21)

"화"는 사람의 심령에 임하는 영적인 재난과 심판을 말하는 반면, "재앙"은 사람의 육체나 땅에 임하는 재난과 심판을 말한다. 인류의 종말적인 전쟁을 통하여 삼 재앙을 알아본다.

1. 첫째 재앙(첫째나팔~넷째나팔) - 남북전쟁

첫째 재앙은 첫째 나팔로부터 넷째 나팔로 말미암은 인류 핵전쟁 즉, 남북전쟁(남방 왕과 북방 왕의 싸움, 세계 대전)의 재앙을 말한다(계 8:7-12).

 (1) 전쟁의 동기(겔 38장-39장)
 (2) 전쟁의 전황(단 11:40-45)
 (3) 전쟁의 결과(계 8:7-12)

2. 둘째 재앙(여섯째 나팔) - 동서전쟁

둘째 재앙은 동방의 왕들과 서방의 왕들이 서로 충돌하여 일어나는 전쟁 곧 동서전쟁을 말한다(계 9:13-19, 16:12).

 (1) 여섯째 천사가 나팔을 불면 큰 강 유브라데에 결박한 네 천사가 놓이게 되며 이들은 그 년, 월, 일, 시에 이르러 사람 1/3 을 죽이기로 예비한 자들이다(계 9:15).
 (2) 시기를 정확하게 말씀하지 않고 그 년, 월, 일, 시로만 말씀하신

것은 성도들의 유익을 위한 것이다.

 (3) 이 전쟁에 동원된 군대의 수는 이만만(2억)이며 이 전쟁에서 사람 1/3 이 죽는다(계 9:16, 18).

 (4) 동서 전쟁의 끝은 아마겟돈 전쟁으로 이어진다(계 16:19). 동서전쟁은 유프라테스 강을 중심을 동방 왕들 아시아권의 여러 나라와 서방 왕 유럽제국들이 격돌하는 전쟁이다. 남북전쟁으로 온갖 자연 만물과 생태계의 1/3이 파손되었다면, 사람 1/3이 죽는 전쟁이 동서전쟁이다. 이 전쟁에 참전한 군대의 수는 이만만이라는 천문학적 숫자다. 이 전쟁을 위해 유프라테스 강물이 말라서 동방 왕들이 접전을 위해 강줄기를 건너게 되며 이 전쟁으로 말미암아 아마겟돈 전쟁을 위한 열국의 왕들이 소집되는 성격을 띠고 있다.

3. 셋째 재앙(일곱째 나팔) - 아마겟돈 전쟁

 (1) 셋째 재앙은 일곱째나팔로 말미암은 마지막 전쟁인 아마겟돈 전쟁을 말한다.

 (2) 일곱째 천사의 나팔은 마지막 나팔이다(고전 15:51).

 (3) 마지막 나팔로 말미암아 세상 나라는 멸망하게 되고(계 11:15, 16:16) 하나님의 나라가 이루어진다(계 21:6).

 (4) 아마겟돈 전쟁의 결국은 하늘로부터 강림하시는 예수 그리스도와 그 군대(계 19:11-16)가 대적자인 적그리스도와 그의 군대와의 싸움에서 승리하실 것이며, 적그리스도와 그의 무리가 영원히 멸망을 당한다(계 19:17-18).

 (5) 세상 나라가 우리 주와 그리스도의 나라가 되어 세세토록 왕 노릇 하실 것이다(계 11:15).

동서전쟁 후 적그리스도가 열국의 모든 군대를 동원하여 하나님의 도성 예루살렘을 공격하기 위해 쳐들어오는 전쟁이 아마겟돈 전쟁이다. 이 전쟁은 마침내 재림하시는 예수 그리스도가 개입하시는 전쟁이며 인류 최후의 전쟁이다(계 11:15-18). 아마겟돈 전쟁으로 모든 인류의 전쟁과 역사는 종식되고 하나님의 나라가 이루어진다.

이 예언의 말씀을 무시하거나 멸시하지 않고 부지런히 읽고 듣고 지키는 생활을 통해서 장차 올 이 모든 일을 능히 피하고 주님 앞에 설 수 있는 신부의 준비를 갖추는 복된 성도가 되어야 한다.

〈아 마 겟 돈〉

아마겟돈(므깃도)은 B.C 4000년으로부터 B.C 6세기에 이르기까지 이스라엘 최고의 요새로서 가장 많은 전쟁을 치렀던 도시이다. 또한 이집트와 다메섹을 거쳐 메소포타미아에 이르는 '해변의 길'(Via Maris)의 가장 중요한 통로로서 동서남북으로 사통팔달할 수 있는 곳이어서 20회 이상의 국제 전쟁을 치렀던 곳인데, 요한계시록에는 종말에 가장 치열한 전투가 벌어지는 곳으로 표현되어 있는 것이다(계 16:16).

이 도시는 여호수아에 의해 점령되지 못할 만큼 강한 가나안의 요새였는데(삿 1:27-28), 아마도 다윗에게 정복된 것으로 여겨진다. 솔로몬에 이르러 므깃도는 견고하게 구축되어 가장 강력한 북방 요새가 되었다(왕상 9:15-19). 므깃도에서 중요한 것은 '솔로몬의 마병장(Solomon's Stables)'이다. 솔로몬은 그 당시 군사력의 상징인 기병대를 육성하여 '병거성(City of Chariots)'과 '마병의 성(City of Hersemen)'들을 건설하였다. 므깃도는 이러한 병거, 마병성의 하나였던 것으로 본다.

34
동서전쟁의 과정(계 9:13-21)

동서전쟁은 어떻게 일어나는 전쟁인가? 동서전쟁은 계시록 9장에서 여섯째 천사가 나팔을 불 때 일어나는 둘째 재앙이다. 첫째 나팔부터 넷째 나팔까지의 남북전쟁 사건은 세상 자연계의 삼분의 일이 파괴되는 엄청난 전쟁인데 비하여 여섯째 나팔의 동서 전쟁은 사람 삼분의 일이 죽는 어마어마한 큰 전쟁이다. 남북전쟁의 결과로 미국과 러시아가 세계의 리더라는 권좌에서 밀려난 뒤 세계의 새로운 강자가 되기 위한 자리다툼이 일어나게 되는데 이때 유럽과 아시아의 격돌로 동서전쟁이 일어나리라 본다.

1. 전쟁의 주권자는 하나님

여섯째 천사가 나팔을 불 때 하나님 앞 금단 네 뿔에서 한 음성이 들린다. 이는 전쟁의 주권자가 하나님이심을 나타낸다. 이 전쟁은 '큰 강 유브라데에 결박한 네 천사를 놓아 주라'는 하나님의 명령에 의해 일어난다. 유브라데에 결박된 네 천사는 누구를 말하는 것일까?
이에 대하여 7장 1절에는 "이 일 후에 내가 네 천사가 땅 네 모퉁이에 선 것을 보니 땅의 사방의 바람을 붙잡아 바람으로 하여금 땅에나 바다에나 각종 나무에 불지 못하게 하더라"고 했다. 마찬가지로 다니엘 7장 2절에 나오는 하늘의 네 바람과 동일한 세력이다. 전쟁은 하나님께 속한 것이다(삼상 17:47). '그 년 월 일 시'에 이르게 되어 하나님이 명령하시는 날, 조금도 지체됨이 없이 이 전쟁이 일어날 것이다.

2. 전쟁의 시기는 그 년, 월, 일, 시

유브라데에서 동서전쟁의 발발 일시에 대하여 '그 년, 월, 일, 시'라고 계시해 주고 있다. 이 말씀에는 세 가지 의미가 들어 있다. 하나님께서는 이미 이 모든 계획을 다 세워 놓으시고 그 진행 프로그램에 따라 역사를 운행하고 계시다는 사실과 하나는 하나님께서 정하신 그 시기에 이르면 반드시 이 전쟁이 일어날 것이라는 사실이다. 그리고 이 전쟁의 시기는 오직 하나님만이 알고 계시는 날짜이기 때문에 인간은 그 어떤 방법으로도 날짜를 밝힐 수 없다.

3. 전쟁의 장소는 유브라데

유브라데강은 알메니아 산맥을 근원으로 하여 동남으로 타우루스 산맥을 따라 흘러 티그리스 강과 합류하고 바벨론 평야를 거쳐 파사 만에 이르는 2,800Km 길이의 큰 강이다. 이 강은 동과 서의 경계지역이기도 하다. 그래서 이 전쟁을 '동·서 전쟁'이라고 부른다. 동방의 왕들이 서쪽(유럽쪽)을 향하여 진군하는 전쟁이다.

4. 전쟁의 상대국은 아시아와 유럽

남북전쟁의 여파로 말미암아 미국과 러시아가 세상에서 주도권을 잃게 되면 남은 것은 유럽과 아시아의 세력뿐일 것이다. 그러므로 이 전쟁의 주역들은 유럽과 아시아의 세력으로 본다.

5. 전쟁의 무기는 초현대식

(1) 이 전쟁에 동원되는 '마병대의 수는 2만만'이다.
요한이 마병대라고 표현한 것은 그 당시에는 가장 강력하고 기동력 있는 병력에 대하여 마병대라고 불렀기 때문이다. 2만만이란 수효는 2억을 가리키는 고대의 수학적 숫자다. 이 2만만의 병력은 엄청난 수효다. 오늘날 세계 최 강대국인 미국이나 러시아, 영국 등의 군사력의 총 수효를 합계해도 1천만 명 내외에 불과하다. 그런 의미에서 볼 때 2억이란 병력은 세계 모든 국가들이 이 전쟁에 합류하게 될 것이라는 결론에 이르게 되는 것이다.

(2) 유브라데 전쟁은 '불과 연기와 유황' 의 전쟁이다.

이 전쟁에 동원되는 군사들의 모양에 대하여 '불빛과 자주 빛과 유황빛 흉갑이 있다' 고 했다. 이 같은 표현은 현대전에 참가하는 모든 병사들이 지참하고 입을 특수한 장비나 제복들을 의미해 주는 것이다. 그리고 마병대들이 탄 말들의 모양에 대하여 '말들의 머리는 사자 머리 같고 그 입에서는 불과 연기와 유황이 나오더라' 고 했다. 사자 머리 같다는 말은 핵탄두를 장착한 장거리 대륙간 미사일의 형태를 그린 것으로 짐작된다. 그리고 '불과 연기와 유황' 이란 핵폭발의 위력에서 보여 주고 있는 놀라운 모습을 표현한 것으로 볼 수 있다.

6. 전쟁 후 더욱 악한 세상

사람들은 하나님의 심판임을 깨닫지 못하고 회개치 않는다. 우상숭배와 거짓 종교에 매달리게 될 것이며 살인, 복수, 음행, 도적질 같은 죄를 회개하지 않는다.

우리는 이 예언의 말씀을 무시하거나 멸시하지 말고 부지런히 읽고 듣고 지키는 생활을 통해서 장차 올 이 모든 일을 능히 피하고 주님 앞에 설 수 있는 신부의 준비를 갖추는 성도가 되어야 한다.

35
동서전쟁의 결과(계 16:12-16)

성경의 인류역사는 하나님의 구속사적(救贖史的)인 입장에서 기록되어 있다. 그리고 모든 사건들이 하나님의 섭리와 예정에 의하여 진행되고 있다. 동서전쟁도 하나님에 의해 이미 예정되어 있다.

1. 사람 삼분의 일이 죽음

첫째 재앙에서는 자연계의 삼분의 일이 파괴되고 사람도 죽게 된다. 그러나 사람이 얼마가 죽게 되는지는 언급이 없고 단지 많은 사람이 죽는다고 하였다. 그러나 둘째 재앙은 땅에 사는 사람 삼분의 일이 죽는 재앙이다.

세계의 인구는 UN의 통계에 의하면 1650년 5.5억, 1750년 7.3억, 1850년 11.7억, 1950년 24.9억 명이고 현재는 약 60억 명이다. 2050년에는 100억 명을 돌파할 것으로 예측 하고 있다. 이 동서전쟁으로 말미암아 사람 삼분의 일이 죽는다면 현재 세계 인구 또는 미래의 인구를 추산해볼 때 엄청나게 많은 인구가 죽는 전쟁이다.

2. 유럽의 승리가 예상되는 전쟁

유프라데스 강을 중심으로 하여 아시아와 유럽이 격돌하는 동서전쟁이 일어나면 서쪽 유럽의 세력이 세계 패권을 장악하게 될 것으로 보인다. 동서전쟁을 통해 나타내는 두 번째 화는 이미 적그리스도가 세계 역사에 등장해서 그의 실체를 드러낸 후에 입게 될 화이기 때문이다(계 11:7-13). 이 화는 마지막 한 이레 중, 후 3년 반에 해당된다. 둘째 화가 마지막 한 이레 중, 후 3년 반에 있을 것이라는 사실은 계시록 13장과 14장에서 증거하고 있다(계 13:5). 둘째 화란 짐승 곧 적그리스도로 말미암아 그리스도 밖에 있는 사람들이 입게 되는 영적인 화인 것이다(계 14:9-11). 이 둘째 화는 첫 번째 화와 같이 영적인 손상에 그치는 것이 아니라 영적인 죽음을 맞게 되는 돌이킬 수 없는 화를 당하게 되는 것이다. 동서전쟁 이후 살아남은 불신자들은 악령에게 사로잡혀 영적으로 완전히 죽임을 당하게 된다(계 9:20-21). 실제로 적그리스도가 세상에 등장하게 되면 어린양의 생명책에 녹명되지 못한 자들은 그에게 경배하게 될 것이다. 그 때에 지구상에 거하는 대부분의 사람들은 짐승과 우상의 표를 받지 아니하면 매매 할 수 없게 되는 등 정상적인 사회생활을 할 수 없는 고통과 환난에 처하게 될 것이다.

그러나 이러한 환난과 핍박 가운데서도 하나님께서는 성령으로 인치심을 받은 신실한 자기 백성들을 능력으로 지켜주실 것이며, 하나님의 성령으로 인치심을 받고 무장한 성도들은 이 적그리스도의 무리와 싸워서 이기고 벗어나 하나님의 나라를 유업으로 얻게 될 것이다. 이때에 성도들에게는 하나님의 계명과 예수 믿음을 지키는 인내가 필요한 것이다(계 14:11-13, 계 20:4).

3. 짐승의 보좌인 바벨론 신전이 세워지는 전쟁

남북전쟁 후에 예루살렘에는 하나님의 성전이 세워지고, 동서전쟁을 통하여 바벨론에 짐승의 보좌인 바벨론 성과 바벨론 신전이 세워질 것으로 예상된다(슥 5:5-11).

창세기 11장에 보면 시날 땅 바벨론에 제일 먼저 바벨탑을 건축한 사람은 니므롯이다(창 10:8-10, 11:1-4). 바벨론 성과 바벨론의 신전을 가리켜서 성경이 말하길 '짐승의 보좌'라고 증거하고 있다(계 16:10, 계 13:1-2). 마귀의 능력과 마귀의 보좌와 마귀의 큰 권세를 받은 짐승, 적그리스도가 마흔 두 달 동안 일할 권세를 받았다(계 13:4-8). 적그리스도가 권세를 받아 자기를 경배하게 하고 성도들과 싸워 이기게 되며 각 족속과 백성과 방언과 나라를 다스리는, 전 세계를 통치하는 권세를 받는 것이다. 그때 전 세계를 통치하는 세계정부의 청사가 바벨론에 세워지게 될 것으로 본다.

짐승의 보좌란 곧 마귀의 보좌, 마귀의 영의 보좌를 말하는 것인데 마귀는 시날 땅을 선택하고 그 시날 땅의 바벨을 선택하여 자기의 보좌로 삼았고 적그리스도가 그 집에 거하게 되는 것이다.

4. 동서전쟁의 마지막은 아마겟돈 전쟁

동서전쟁은 결국 인류의 최후 전쟁인 아마겟돈 전쟁으로 번진다. 주님은 짐승과 거짓선지자들을 유황불못에 던지신다(계 19:17-21).

〈동서전쟁과 아마겟돈 전쟁의 차이점 비교〉

구 분	동서 전쟁	아마겟돈 전쟁
전쟁의 시기	후 3년 반 기간에	후 3년 반 마지막 시점
계시의 진행	여섯째 나팔	일곱째 나팔
화의 순서	둘째 화	셋째 화
싸우는 상대	동방왕과 서방왕	예수님과 적그리스도
전쟁의 결과	사람 3분의 1이 죽음	적그리스도, 거짓선지자 불못
전쟁 후	인류 역사 계속됨	인류의 역사가 끝남
*동서 전쟁은 곧 이어서 아마겟돈 전쟁으로 비화되는 전쟁임		

36
일곱째 천사의 소리(계 10:1-7)

요한계시록 10장은 둘로 나눌 수 있다. 첫째는 1-7절에서 하늘의 천사 중 일곱째 천사가 나팔을 부는 날 모든 복음이 반드시 이루어질 것이라는 외침이며, 둘째는 8-11절에서 성도들이 작은 두루마리를 먹어버리고 그 말씀을 다시 예언해야 할 것을 가르친다.

1. 천사의 손에 펴 놓인 작은 두루마리

계시록 10장 안에 "작은 두루마리" 또는 "천사의 손에 펴 놓인 두루마리"란 말씀이 4번 나와 있다(2, 8, 9, 10). 과연 이 "작은 두루마리"란 어떤 책을 말하는 것일까?
 (1) 하나님의 오른 손에 들려진, 안팎으로 썼고, 일곱 인으로 봉한 책(계 5:1)을 말한다는 견해.
 (2) 첫째 천사로부터 일곱째 천사의 나팔까지의 사건을 기록하고 있는 계시록 8장으로부터 11장의 내용을 말한다는 견해.
 (3) 신구약 성경 전체의 내용을 말한다는 견해.
우리는 이러한 견해들을 다 수용할 수 있다. 왜냐하면 성경 안에 계시록이 있고, 계시록 안에 일곱 나팔이 있고, 계시록 안에 하나님의 오른손에 들려진 책이 있기 때문이다.

2. 힘센 다른 천사의 외침
 (1) 천사의 모습

① "구름을 입고" 내려온다 한 것은 위엄과 영광스런 모습이다.
② "머리 위에 무지개"가 있다고 한 것은 하나님의 모든 재앙은 하나님의 약속을 따라 시행되는 것임을 의미한다(창 9:8-17).
③ "얼굴은 해"같다고 한 것은 천사의 얼굴에 반영된 하나님의 영광을 말한다.
④ "발은 불기둥"같다고 한 것은 하나님의 사자가 지닌 천상의 위엄을 말한 것이다(계 1:15-16).
⑤ 그의 오른발은 바다를 밟고, 왼발은 땅을 밟고 있는데 성경에서 "바다"와 "땅"은 세상을 뜻한다.

(2) 지체하지 않으시는 하나님

또 세세토록 살아계신 창조주 하나님을 향하여 맹세하기를 "지체하지 아니하리니"라고 했는데, 하나님은 하나님의 정하신 시간을 갖고 계신다. 때가 되면 늦지도 않고, 빠르지도 않게 모두 이루실 것이다(합 2:3, 히 10:37).

3. 일곱째 천사가 소리 내는 날

7절에 기록된 말씀대로, 일곱째 천사가 소리 내는 날에는 선지자들이 증거해 준 복음이 마침내 다 이루어진다. 그러므로 천사가 확신 있게 외쳤던 7절의 말씀을 깊이 알아야 한다.

하나님께서는 이 세상에 시작되고 진행되며 이루어질 비밀의 말씀들을 구약에서는 선지자들을 통해서, 그리고 신약에서는 그 아들을 보내셔서, 그리고 그 후에는 사도들을 보내셔서 전하게 하셨다. 그리고 이 말씀을 기록한 것이 바로 성경이다. 이처럼 알려 주신 비밀의 말씀 곧 복음은 시대가 변해도 변질되지 않고 없어지지 않고 마침내 완성되는 것이다(사 40:6, 마 24:34-35).

그러므로 일곱째 천사가 나팔을 불 때 세상나라는 우리 주와 그의 그리스도의 나라가 되어 그가 세세토록 왕노릇하신다(계 11:15). 이 나라를 이사야 65장 17절에서는 '새 하늘과 새 땅'이라고 불려지며, 우리는 이 나라를 '천년왕국'이라고 부른다. 이 같은 일이야말로 하나님의 비밀인데 하나님은 이 비밀을 그의 종들, 선지자를 통하여 옛적부터 예언하게 하셨던 것이다. 힘센 천사는 맹세하기를 '그 일곱째 천사가 소리 내는 날 그 나팔을 불게 될 때에 이 같은 일이 이루어 질 것이라'고 선언하고 있다(계 10:7).

4. 선지자와 사도들을 통해서 알려주신 복음

선지자와 사도들을 통해서 알려 주신 복음을 알기 위해서는 일곱째 천사가 마지막 나팔 불 때 이루어지는 내용이 무엇인지를 살펴보면 알 수 있다(마 24:30-31, 고전 15:51-52, 살전 4:13-18, 계 11:15). 그것은 주님께서 재림하심으로 성도들이 구원을 받는 것이다. 죽은 자는 부활하고 산 자는 이제 다시 병들거나 죽지 않는 모습으로 변화된다. 세상은 심판을 받으나 하나님나라는 완성된다.

하나님은 창조 때부터 이같은 복음을 알려 주셨고 범죄한 이후에는 선지자와 그 아들과 사도들을 통해서 알려 주셨다. 죄로 말미암아 죽게 된 인생, 멸망 받을 인생, 심판받게 된 인생들에게 구원과 영생과 천국의 복락에 대한 기쁜 소식을 전하게 하셨다(눅 4:43).

성도들은 이 날을 기다리며 소망 가운데 그 때의 영광을 위해 더욱 힘써서 신앙생활과 봉사의 삶을 살아야 한다(고전 15:58).

37
다시 예언하라(계 10:8-11)

이 예언의 말씀을 먹고 다시 예언하라고 하신다. 말씀을 먹고 깨달을 때는 그 맛이 꿀과 같이 달지만 그 말씀을 지키고 행하는 일은 대단히 쓰고 어려워서 이 복음 때문에 환난을 겪기도 하고 수많은 어려움을 당하기도 한다(딤후 3:12, 히 10:32-34, 35-39).

1. 작은 책 두루마리를 갖다 먹어 버리라

작은 책을 먹어버리라는 것은 온 세상, 온 나라에 전파할 사명을 가지고 말씀의 준비를 하라는 뜻이다(겔 3:1-11, 렘 1:9).

(1) 갖다 먹어버리라

구약에도 이같은 말씀이 기록된 것을 볼 수 있다(겔 2:8, 겔 3:1-3). 기록된 복음의 말씀을 먹어버릴 때 확신에 거할 수 있다. 하나님의 말씀은 우리가 먹어야 할 양식이다(벧전 2:2).

기록되어 있는 복음의 말씀을 열심히 먹어버림으로써 자기의 것으로 삼아야 한다. 먹여줄 때 먹을 수 있는 어린아이가 아니라 스스로 단단한 것을 먹고 장성한 분량에 이르러야 한다(히 5:13-14). 누구 앞에서나 분명하고 확신있게 말할 수 있도록 완전히 내 것으로 만들어야 한다(딤후 3:14, 행 17:11, 벧전 3:15).

(2) 입에서는 꿀같이 달지만 배에서는 쓰다.

이 말씀을 먹어버리니 입에서는 달지만 배에서는 쓰다고 하였다(시

19:10, 119:103). 그냥 책이라면 어떻게 꿀 같은 맛을 느끼겠는가? 마지막 때 될 계시록의 말씀을 먹을 때 꿀같이 달다는 것이다. 하지만 배에서는 쓰다고 하였다. 배가 어떻게 맛을 느끼겠는가? 이는 그 말씀을 소화하고 실행하여 살기가 '쓴' 고난이 따르게 되어 어렵다는 것이다(렘 20:8-9, 빌 1:29-30, 딤후 1:8, 딤후 3:12). 그러나 우리는 이 말씀을 먹고 순종해야 한다. 그 뜻을 정확히 이해하고 무장하여 그 말씀을 따라 순교하기까지 다시 예언해야 한다.

(3) 왜 맛을 못 느끼는가? 왜 못 먹는가?

① 거듭나지 않았기 때문이다(요 3:5). 새 생명을 받지 못한 자는 계시의 말씀을 먹고 마실 수가 없다.

② 불신앙하기 때문이다(히 4:2). 말씀을 들어도 믿음으로 받지 못할 때 맛을 모른다.

③ 병들었기 때문이다(벧전 2:1). 육신이 병들면 미각작용이 마비되듯이 영적으로 병들면 계시의 오묘 앞에 맛을 볼 수 없다.

④ 일하지 않기 때문이다(마 20:1-7). 일하지 않는 자는 먹고 마실 양식과 물이 없다. 신령한 일을 하지 않는 자도 마찬가지다.

⑤ 죽어 버렸기 때문이다(계 3:1). 호흡이 끊어진 자에게는 음식이 필요 없다. 영적으로 죽은 자는 의의 말씀을 경험할 수 없다.

2. 다시 예언하여야 하리라

복음을 자기의 것으로 삼은 자들은 많은 사람들에게 증거하고 예언해야 한다. 기독교의 복음은 결코 자기 혼자만 가지고 있어서는 안 되는 것이다(계 10:11, 왕하 7:9, 딤후 4:2, 행 1:8). 요한계시록 11장 3절의 두 증인처럼 다시 예언하기 위하여 작은 책을 갖다 먹어 버려야 한다(렘 1:5-7, 9-10).

(1) 전할 대상

많은 "백성"과 "나라"와 "방언"과 "임금"에게 다시 예언하라는 것은 신분과 국가와 언어와 계급을 초월하여 하나님의 복음을 모두에게 빠짐없이 전하라는 뜻이다(롬 15:19, 롬 1:13-15, 마 24:14).

(2) 전할 내용

요한이 왜 그것을 먹어야 했는가? 다시 예언하기 위함이었다. 주님 오실 날이 가까운 이때에 예언이 필요하다. 주께서 오실 것과 마지막 때에 될 일이 기록된 요한계시록이 만방에 예언되어야 한다.

(3) 다시 예언하여야 하리라

① 예언사명이다.

예언하라고 했다. 계시록은 예언이다. 반드시 속히 될 일이다(계 1:1). 그것은 그리스도의 재림과 심판, 영생과 영벌의 사건이다.

② 필연적인 사명이다.

'예언하여야 하리라'는 반드시 수행하여야 할 명령의 말씀이다. 먹어 버려야 사는 것처럼 예언사명은 죽고 사는 관계이기 때문이다.

③ 반복적인 예언사명이다.

반복적인 전파사명을 의미한다. 그래서 인 재앙, 나팔 재앙, 대접 재앙은 그 본질적인 내용이 같은 사건을 다르게 반복하고 있다. 그러므로 세상 끝 날까지 예수님의 재림사건을 다시 예언하고, 또 다시 예언하고 반복해서 예언해야 한다. 한 세대가 지나고, 다음세대로 이어지는 지상교회는 하나님의 비밀이 그 종 선지자들과 사도들에게 전하여준 그 복음을 전해야 한다. 다른 복음을 새롭게 전하는 것이 아니라 이미 주어진 성경의 복음을 다시 증거해야 한다.

38
두 증인의 역사(계 11:1-14)

계시록 11장은 둘로 나눌 수 있다. 먼저 1-14절의 내용은 앞으로 있게 될 적그리스도가 일하는 7년 기간중 전 3년 반에 있게 될 사건을 보여 주는 내용이다. 그리고 15-19절은 후 3년 반에 일곱째 나팔로 인하여 세상에 하나님의 마지막 진노가 쏟아지는 무서운 내용이다. 세상에서는 가장 무서운 재앙이지만 성도들에게는 가장 축복된 나팔이다.

1. 전 3년 반, 후 3년 반

전 3년 반 동안에 적그리스도는 세계평화를 이루게 될 것이다. 그가 중동의 문제를 해결하고 세계평화를 이루게 될 때 모든 사람들의 마음은 그에게 향하게 되고 유대인들도 그를 메시야인줄로 알게 된다. 바로 이 기간 동안 올바른 그리스도의 일꾼들은 마지막으로 세계에 복음을 증거하는 기간이 되는 것이다. 그러다가 그들은 전 3년 반이 지나고 나면 적그리스도에 의해서 순교당하고 교회는 환난의 기간을 맞이하게 된다.

후 3년 반 기간에 일곱나팔 중 세 화의 나팔(다섯째나팔, 여섯째나팔, 일곱째나팔)과 일곱 대접이 모두 쏟아지는 사건이 일어나며 마지막 나팔에 주님께서 강림하시고 성도의 구원이 완성된다.

2. 두 증인의 역사

두 증인은 4절에서 이방의 주 앞에 섰는 두 감람나무, 두 촛대라고 하였고 10절에서는 두 선지자라고 하였다. 하나님께서는 큰일을 이루어 나가시는 데에는 두 감람나무와 두 촛대와 같은 하나님의 종들을 쓰신다(슥 4:12-14). 하나님께서는 시대마다 두 증인과 같은 일꾼들을 쓰셨다.

 (1) 애굽에서 구원하실 때 : 모세와 아론(출 6:13)
 (2) 가나안에 들어갈 때 : 여호수아와 엘르아살
 (3) 바벨론에서 돌아올 때 : 스룹바벨과 여호수아(학 2:4)

계시록 11장에 기록된 두 증인은 하나님께 쓰임받은 두 일꾼인 모세와 엘리야를 가리키는 것으로, 앞으로 전 3년 반 동안에 이같은 종들이 하나님의 백성을 건져내며 마지막 복음을 힘있게 증거하는 사역을 할 것이다.

하늘에서 불을 내리게 하여 원수를 멸했던 자, 하늘 문을 닫아 비가 오지 못하게 했던 선지자 엘리야처럼 역사할 것이다(왕하 1:10, 12, 왕상 17:1, 18:41-46). 또 물이 피가 되게 하고, 아무 때든지 원하는 대로 여러 가지 재앙으로 땅을 쳤던 증인 모세처럼 사역할 것이다(출 7:19).

적그리스도의 통치기간인 전 3년 반 동안에 이같은 증인들, 곧 준비된 종들이 다시 일어나서 큰 권세를 가지고 정해진 기간 동안 복음을 증거 하게 될 것이다.

3. 두 증인의 하는 일

모세가 큰 능력을 가지고 애굽 왕과 그 땅을 징계하면서 한 일은 그 택하신 백성들에게 복음을 전하는 일이었고 그 백성을 애굽에서 건져 내는 일이었다(출 6:13). 또한 엘리야가 이 같은 능력을 가지고 아합과 범죄한 백성을 징계하면서 한 일도 역시 패역한 백성들이 우상을 버리고 하나님께로 돌아오게 하는 일이었다(왕상 18:21).
마찬가지로 마지막 때 곧 전 3년 반에 일어나게 될 증인들도 이 같은 큰 권세를 가지고 정해진 기간 동안 이 세상에 재앙을 쏟으면서 하나님의 백성들을 구원하는 마지막 역사를 이루게 될 것이다(계 11:3-7). 이때에 적그리스도에게 속한 자에게는 괴로움이 될 것이다(계 11:10, 왕상 18:17).

마지막 때의 두 증인은 그들의 역사를 감당한 후 사명을 따라 순교하게 될 것이다(계 11:7-8). 적그리스도의 통치 7년 기간 중에 전 3년 반이 지난 때의 일이다. 모세는 그 역사를 마치고 죽었고, 엘리야는 승천하였으나 이들은 순교하는 것이다. 그들이 역사하는 동안에도 능력으로 보호하였으나 순교하는 순간까지도 하나님은 능력으로 보호하신다. 구약의 여러 선지자도 그랬다. 그때는 하나님이 그들의 봉사를 더 요구하지 않으실 때요, 그들의 죽음이 삶보다 더 많은 열매를 맺을 때이다.

두 증인의 죽음으로 저들은 기뻐하여 서로 예물을 보내었지만, 부활한 두 증인은 하나님의 부름 받아 구름타고 승천한다. 이때 원수들도 하나님께 영광을 돌리게 된다.

모세처럼, 엘리야처럼 능력을 받아 세상을 치며 하나님의 백성을 보호하고 하나님의 복음을 증거하기 위하여 깨어 준비하는 사명자가 되어야 한다.

39
두 선지자의 전도(계 11:3-11)

계시록 11장 10절에 보면, 두 선지자는 사람들이 복음을 받지 않아도 복음을 전하였다. 사람들이 듣든지 안 듣든지 복음을 전하였다. 오늘날에도 때를 얻든지 못 얻든지 말씀을 전해야 한다.

1. 모세의 전도

성경에는 이런 진노를 나타내는 전도도 있다. 바로에게 전한 모세의 전도는 바로의 마음을 강퍅케 하였으니, 곧 진노의 전도인 것이다. 로마서 9장 15-18절에 "모세에게 이르시되 내가 긍휼히 여길 자를 긍휼히 여기고 불쌍히 여길 자를 불쌍히 여기리라 하셨으니 그런즉 하나님께서 하고자 하시는 자를 긍휼히 여기시고 하고자 하시는 자를 강퍅케 하시느니라"고 하였다.

하나님께서는 어떤 사람들을 강퍅케 하신다고 하였으니, 그것은 그의 강퍅하지 않은 심령을 강퍅케 하신다는 것이 아니고, 그 본래 강퍅한 마음을 그대로 버려두신다는 의미이다. 모세가 말씀을 전하였지만 바로는 끝까지 강퍅하였어도 모세는 끊임없이 열 가지 재앙을 전하였다.

2. 이사야의 전도

하나님께서 선지자 이사야에게 부탁하시기를 "이 백성의 마음으로 둔하게 하며 그 귀가 막히고 눈이 감기게 하라 염려컨대 그들이 눈으로 보고 귀로 듣고 마음으로 깨닫고 다시 돌아와서 고침을 받을까 하노라"(사 6:10)라고 하셨다.

이것은 하나님의 긍휼을 전하는 전도가 아니고, 하나님의 진노를 전하는 전도이다. 하지만 이사야 선지자는 순종하였고 나가서 하나님의 말씀을 선포하였다. 60년 동안을 전하였다. 메시야의 동정녀탄생을 전하고 십자가를 전하고 새 하늘과 새 땅을 전하였다. 그러나 그들은 멸망하여 황폐한 땅이 되고 포로로 잡혀갈 때까지 듣지 않고 회개하지 않았지만 선지자는 평생토록 말씀을 전하였다.

3. 스데반의 전도

스데반은 성령 충만한 집사님이다. 천사의 얼굴로 하늘의 예수님을 바라보면서 복음을 전하였다. 구약성경의 인물들을 중심으로 열심히 설교하며 전도하였다. 그러나 한 사람도 회개하지를 않았다. 결국은 돌을 맞아 순교의 피를 흘리고야 말았다. 그때까지 쉬지 않고 복음을 전하였던 것이다. 듣지 않아도 복음은 전하여져야 한다.

4. 두 선지자의 전도

두 증인은 굵은 베옷을 입고 천이백육십일을 예언하였다. 하늘의 권세를 가지고 복음을 전하였다. 순교하기까지 전하였지만 사람들은 회개하지 않고 괴로워했던 것이다.

"이 두선지자가 땅에 거하는 자들을 괴롭게"(계 11:10) 하였다고 한 것은, 그들이 듣든지 말든지 누구에게나 복음을 전한 증표다. 그것은 진리가 그대로 성취 될 것을 예고하여 두었다가 그것이 성취되는 때에 하나님의 영광이 드러나게 하려는 까닭이다. 증거 했던 진리가 성취될 때에 하나님의 살아계시고 신실하신 증거가 나타난다.

5. 노아, 에녹, 모세, 예수님의 전도

노아가 120년 동안 외쳐 전도한 것도 무용한 것이 아니다. 그 전도도 하나님의 영광을 드러내는 무서운 진노의 표현을 목표하였던 것이다. 그것은 일종의 정죄 선언이었다(히 11:7). 그러므로 전도는 인간이 순종하든지 말든지 전도해야 하는 것이다.

에녹도 당시의 사람들에게 정죄를 예고한 전도였다(유 1:14,15).

모세가 광야에서 40년 동안 전도한 것도 주님의 공의와 인자를 나타내시는 것이었다. 전도의 목적은, "인간의 회개"만 아니라 하나님의 영광을 드러내기 위한 것이다.

예수님께서 유대에서 하나님의 말씀을 전하셨으나, 순종치 아니한 자들이 많았으나 그 전도가 실패하였다고 할 수 없다. 그 전도는 하나님의 영광을 드러낸 것이다.

6. 전도의 목적

전도가 인간을 구원하기 위한 것뿐으로만 알면 잘못이다. 전도는 하나님의 영광을 드러내기 위한 것이다. 인간이 하나님의 말씀을 순종하여 구원을 받을 때에도 하나님의 영광이 드러나지만, 불순종하여 배척당할 때에도 그 전도가 결코 무효하지 않았음을 잊지 말아야 한다.

> "비와 눈이 하늘에서 내려서는 다시 그리로 가지 않고 토지를 적시어서 싹이 나게 하며 열매가 맺게 하여 파종하는 자에게 종자를 주며 먹는 자에게 양식을 줌과 같이 내 입에서 나가는 말도 헛되이 내게로 돌아오지 아니하고 나의 뜻을 이루며 나의 명하여 보낸 일에 형통하리라"(사 55:10, 11).

40
일곱째 나팔(계 11:15-19)

일곱째 천사는 하나님께로부터 나팔을 받아 가진 마지막 천사다(계 8:2). 마지막 나팔이며 하나님의 나팔이고 큰 나팔이다.

1. 일곱째 천사의 나팔

(1) 마지막 나팔이다(고전 15:51).
죽은 성도들의 부활과 살아서 주를 영접하는 자의 변화가 있다.
(2) 하나님의 나팔이다(살전 4:16).
죽은 성도들의 부활과 살아남은 자들의 변화와 영접이 있다.
(3) 큰 나팔이다(마 24:31).
영적인 마지막 추수가 이루어진다.

2. 일곱째 천사가 소리 내는 날

일곱째 천사가 소리내는 날 그 나팔을 불게 될 때에 하나님의 비밀이 그 종 선지자들에게 전하신 복음과 같이 이루어진다(계 10:7).
(1) 세상 나라가 우리 주와 그리스도의 나라가 되어 세세토록 왕 노릇 하실 것이다(계 11:15, 단 2:44).
(2) 성도의 나라가 이루어지며(단 7:22, 27, 계 21:1-4, 22:3-5), 승리한 성도들은 상급을 얻게 될 것이다(계 11:18, 계 21:6-7).
(3) 끝까지 복음을 거절한 세상과 불신자들은 심판으로 멸망을 당하

게 될 것이다(계 19:2, 19-21, 20:10)

3. 셋째재앙, 셋째 화
일곱째 천사의 나팔 안에는 셋째재앙과 셋째 화가 들어있다.
 (1) 셋째 재앙, 셋째 화는 일곱째 천사의 나팔로 말미암은 마지막 전쟁인 아마겟돈 전쟁을 말한다. 전쟁은 재앙이요, 재림 주 예수님의 입 기운으로 멸망하는 영혼들은 화를 당하는 것이다.
 (2) 적그리스도가 열국의 모든 군대를 동원하여 하나님의 도성 예루살렘을 공격하기 위해 쳐들어오는 전쟁이 바로 아마겟돈 전쟁이다(계 16:12-21, 19:17-21, 슥 14:1-3).
아마겟돈 전쟁은 적그리스도의 주도하에 온 세상의 임금들과 열국의 군대들이 여호와의 이름으로 일컬음을 받는 예루살렘을 치기 위하여 예루살렘을 포위하는 전쟁이다. 아마겟돈 전쟁으로 모든 인류의 전쟁과 역사는 종식된다. 창세 이후 모든 피조물의 간절한 숙원이던 새 하늘과 새 땅은 이 전쟁의 종식과 예수 그리스도의 재림으로 말미암아 이루어진다. 이로서 성경의 예언, 즉 하나님의 나라가 이루어진다. 이 아마겟돈 전쟁은 마침내 재림하시는 예수 그리스도가 개입하시는 전쟁이며 인류 최후의 전쟁이다.
아마겟돈 전쟁의 결국은 하늘로부터 강림하시는 예수 그리스도와 그 군대(계 19:11-16)가 대적자인 적그리스도와 그의 군대와의 싸움에서 승리하실 것이며, 적그리스도와 그의 무리가 영원히 멸망을 당한다(계 19:17-21). 세상 나라가 우리 주와 그 그리스도의 나라가 되어, 주님이 세세토록 왕 노릇 하실 것이다(계 11:15).

4. 일곱째 나팔은 성도에게 축복의 나팔

일곱째 나팔은 세상에 마지막으로 쏟아지는 하나님의 진노로서 제일 무서운 재앙이 될 것이나 성도들에게는 가장 축복된 나팔이다.

구약에서도 칠일 째 되는 날 일곱 번 돌면서 일곱나팔을 불 때 성이 무너져 여리고는 멸망했지만, 이스라엘 백성은 가나안 땅을 기업으로 차지하게 되었다(수 6:15-21). 이처럼 신약 마지막 때에도 일곱째 나팔을 부는 날 세상은 주님 앞에 육적인 재앙뿐 아니라 가장 무서운 영의 멸망을 받게 될 것이다. 그러나 하나님의 백성은 하나님의 나라를 기업으로 얻게 되는 것이다.

이 날은 주님이 오시는 날이며, 죽은 자는 부활하고 산자는 변화 받는 날이며, 성도들이 주를 맞게 되는 날이다(마 24:31, 고전 15:51-53, 살전 4:16-18). 그래서 성도들에게는 이 날이 축복의 날이요, 영광의 날이다. 주를 위해 고난 받고, 주를 위해 희생하고 봉사한 모든 것에 대하여 넘치도록 영광과 상급을 받는 날이다. 이 날에 우리는 공중으로부터 오시는 주님을 맞이하게 될 것이다. 선지자들이 바라보고 소망하였던 곳, 다시는 죄와 눈물과 고난과 죽음이 없는 곳, 그 나라가 드디어 이루어지는 날이다.

그 날은 그리스도 밖에 있는 세상 사람들에게는 하나님의 큰 잔치가 베풀어져 멸망당하게 되는 날이지만(계 19:17), 성도들에게는 어린 양의 혼인 잔치에 참여하여(계 19:9) 그리스도의 나라를 유업으로 얻는 승리의 날이 된다. 그러므로 어떤 어려움과 핍박이 와도 이날이 있음을 명심하여 믿음을 지켜야 한다.

41
해를 입은 여자와 붉은 용(계 12:1-6)

12장은 복음의 진수가 담겨진 장으로, 하늘의 두 이적 곧 "해를 입은 여자"와 "한 큰 붉은 용"과의 대립을 보여주고 있다. 그래서 그리스도의 교회가 이 세상에서 수난을 받는다. 그리스도께서 수난하셨고(12:4), 교회가 환난을 받고(12:13, 15), 신자들이 개인적으로 고난을 받는다(12:17). 그리고 세상 끝에는 최후의 적그리스도로 말미암아 핍박을 받는다(13:1-18).

1. 계시록 12장의 성격

창세기 3장 15절을 원시 복음이라 말한다. 여기서 하나님과 뱀, 여자의 후손과 뱀의 후손 사이는 원수 관계임을 알 수 있다. 창세기 3장 15절 한 절을 확대하면 계시록 12장이 되고, 계시록 12장 한 장을 확대하면 성경 66권이 된다. 계시록 12장의 핵심적 내용은 여자와 용의 싸움이다.

2. 용과 여자의 관계

창세기 3:15에서는 여자와 그 후손이 뱀과 그 후손에게 서로 원수가 되었는데 여기서도 용은 여자와 그 자손에게 서로 원수이다. 용은 바로 마귀요, 옛 뱀이요, 천하를 꾀는 자요, 하늘 별 1/3 곧 하늘의 천사 1/3을 타락시킨 자요, 하늘에서 성도들을 참소하다가 쫓겨난 자요, 땅에서 여자를 핍박하는 자요, 그 자손들과 싸우다가 자기 때가 되면 멸망으로 들어갈 자이다.

3. 여자가 낳은 아이

'여자'를 교회의 상징으로 생각한다(계 19:7, 21:9, 호 2:1, 요 3:29, 엡 5:31, 32). 그리고 '여자가 낳은 아이'는 예수 그리스도를 가리켰다. 예수 그리스도가 나셨을 때에 사단은 헤롯을 통해 그를 죽이려 했다. 그러나 그리스도는 철장으로 만국을 다스릴 분이시다(시 2:9). 십자가의 고난을 당하셨으나 하나님의 보좌로 승천하셨다.

4. 용의 모습

(1) 크고 붉은 용

사단은 구약에서 뱀으로(창 3:1), 신약에서 독사로 묘사되었다(마 3:7, 23:33). 그러나 종말에는 큰 용으로 출현한다. 마지막 때에는 사단이 더욱 강력한 권세를 가지고 나타날 것을 말해준다. 큰 붉은 용은 큰 세력을 갖춘 사탄을 의미한다. 용의 색이 붉은 것은 '피의 색'이요, '살기의 표상'이라 할 수 있다.

(2) 일곱 머리

일곱 머리는 일곱 나라를 말하는데 애굽, 앗수르, 바벨론, 메데 바사, 헬라, 로마, 적그리스도 국가를 말한다(계 13:1, 17:9-12). 이는 하나님과 그의 백성을 대적하고 우상숭배의 나라들이었다.

(3) 열 뿔

뿔은 권세를 상징한다. 열 뿔은 적그리스도 국가가 초강력 국가의 위엄을 가졌음을 보여주고 있다.

(4) 일곱 면류관

면류관은 영광을 상징한다. 그러므로 그 머리에 있는 일곱 면류관은 세상 영광을 독차지 하게 될 것을 의미한다. 그리고 예수님의 면류관을 흉내 냈다(계 19:2).

(5) 그 꼬리가 하늘 별 삼분의 일을 끌어다가 땅에 던짐

꼬리는 거짓말을 상징하고(사 9:15), 여기의 별은 천사들을 상징한다(욥 38:7). 사탄은 본래 천사였으나 하나님께 범죄하고 마귀가 되었다(벧후 2:4, 유 6). 많은 다른 천사들을 유혹하여 하나님께 대적하다가 '땅에 던져' 타락하게 하였다.

5. 용의 궤계

- 계 12:3 : 머리가 일곱이요 뿔이 열인 큰 붉은 용
- 계 12:4 : 하늘의 별 삼분의 일을 끌어다가 땅에 던짐
- 계 12:4 : 여자가 해산하면 아이를 삼키고자 했다.
- 계 12:7-8 : 미가엘과 그의 사자들과 싸우다가 쫓겨난 자다.
- 계 12:9 : 옛 뱀, 마귀, 사탄, 온 천하를 꾀는 자다.
- 계 12:10 : 형제들을 하나님 앞에서 밤낮 참소하던 자다.
- 계 12:12 : 자기의 때가 얼마 못된 줄 알고 분내어 역사했다.
- 계 12:13 : 남자를 낳은 여자를 핍박하였다.
- 계 12:15 : 뱀이 물을 토하여 여자를 물에 떠내려가게 했다.
- 계 12:17 : 용이 여자의 남은 자손과 싸우려고 모래위에 섰다.

17절에서 '용이 여자에게 분노하여 돌아가서 그 여자의 남은 자손'을 핍박하는 새로운 싸움을 시도할 것임을 말씀해 주고 있다. '여자의 남은 자손들'은 후 3년 반에 남게 된 성도들을 가리킨다. 이들은 17절에서 '하나님의 계명을 지키며 예수의 증거를 가진 자들'이라고 하였다. 바다 모래 위란 전 세계에 걸쳐 널려 있는 그의 공격 대상자를 가리키는 말이다.

42
계시록 12장의 의미(계 12:7-17)

계시록 12장은 신,구약 성경의 총 요약이라고 할 수 있다. 처음부터 끝까지(창세기 3장부터 계시록 19장까지) 여자의 후손과 뱀의 후손의 싸움이 계속되고 있음을 보게 된다.

1. 구약성경

(1) 하늘의 큰 이적(1-2)

"해를 입은 여자"는 교회를 말하고, 여자가 해산하게 되는 아이는 예수 그리스도를 말한다.

(2) 하늘의 또 다른 이적(3-4)

"붉은"은 헬라어의 '큐로스'인데 심히 분노한, 살기등등한 모습을 지적하고 있으며 용은 사탄의 별명이다(계 12:9, 계 20:2).

(3) 용이 여자가 해산하면 아이를 삼키려 한 것은 세상에 오시는 메시야의 길을 원천적으로 봉쇄하기 위한 마귀의 역사를 말한다(출 1:15-22, 왕하 11:1, 대하 22:10-12, 마 2:16).

2. 신약성경

(1) 4복음서(5)

① 철장으로 만국을 다스릴 남자(계 19:15, 시 2:9)

철장은 불가항력의 능력을 표시한다. 사탄은 교회를 핍박하나 교회는 오히려 불가항력적인 세력으로 만국을 지배하는 것이다.

② 부활하시고 승천하심(빌 2:6-11)

(2) 사도행전(6)

예수 그리스도를 머리로 하는 신약 교회의 탄생(행 2:1-4)과 사도들의 역사 곧 성령의 역사를 말한다. 여인은 교회를 말하며, 그들은 광야 같은 사탄의 시험이 많은 세상에서 환난을 통과하면서 보호하심을 받는다. 모세도(출 3:1-4), 엘리야도 광야에서 핍박을 피했다(왕상 19:1-8). 그들이 마지막으로 감당해야 할 광야는 마지막 한 이레의 후반기인 1,260일 기간인 것이다(단 7:25).

(3) 로마서에서 유다서(7-12)

하나님의 복음, 예수 그리스도의 구원, 하나님의 복음과 기독교의 교리를 말함이다.

하늘에 전쟁이 있으니 곧 영적전쟁을 말한다(엡 6:12). 미가엘 천사장과 그의 사자들이 용과 그의 사자들로 더불어 영적 전쟁을 치르는데 사탄은 패배하고 만다. 이로 인해 '온 천하를 꾀는 자' 큰 용이 내어 쫓긴다(눅 10:18).

(4) 기독교 2000년 역사(13-16)

"용"이 여자를 핍박하고, 뱀이 그 입으로 물을 강 같이 토하였으나 땅이 여자를 도와 강물을 삼킨 것은 수천년 기독교 역사 속에서 교회와 성도를 해치려 했던 마귀의 역사 속에서 교회와 성도들을 보호하셨던 하나님의 섭리적인 역사를 말한다.

① 핍박의 대상

땅으로 쫓겨 크게 분이난 용이 이제 남자를 낳은 여자를 핍박하기에 돌입한다. 즉 교회를 핍박하는 것이다.

② 핍박에서 보호하시는 분

핍박을 받은 여자가 큰 독수리 날개를 받는다. 하나님께서 그들을 박해로부터 보호하시는 사실을 말해주고 있다(출 19:4). 독수리가 그의 새끼를 날개로 업어 인도하듯이 하나님께서 자기 백성을 책임있게 보호하시고 인도하신다.

③ 보호 받는 장소

광야 자기가 있던 곳으로 날아가 버린다. 광야는 신앙의 연단이 있는 곳이다. 바로 그곳이 하나님의 보호 장소가 된다.

④ 뱀의 낯을 피하는 기간

한 때와 두 때와 반 때를 양육 받는다. 70이레중 마지막 한 이레의 3년 반을 말한다(단 9:24).

⑤ 뱀이 물을 강같이 토하는 이유

핍박하던 여자를 놓친 뱀이 그 입으로 물을 강같이 토해 여자를 물에 떠내려가게 하였는데 여기의 물은 환난의 상징이며(사 43:2) 그리스도에게서 멀어지게 하는 세상주의를 말한다(마 13:22).

(5) 마지막 싸움(17)

사탄은 교회를 없앨 수 없었다. 그러므로 신자들을 개별적으로 유혹하여 멸망시키려고 한다. 그래서 용이 분노하여 여자의 남은 자손과 싸우려고 바다 모래위에 섰다는 것이다. 그 여자의 남은 자손은 하나님의 계명을 지키며(계 14:12) 예수의 증거를 가진 자(계 1:2, 6:9, 12:11) 그리스도인들을 말한다. 즉 환난의 후반기에 아직 남아있는 신자들을 말한다. 사탄은 이들을 공격하지만(계 13:7) 그들을 굴복시키지는 못하고(계 13:10) 결국 사탄은 영원히 멸망한다.

43
바다에서 나오는 짐승(계 13:1-10)

13장, 14장은 계시록 12장17절의 해설이라 할 수 있으며, 짐승 곧 사탄의 종인 적그리스도의 장이다. 계시록 13장은 사탄(붉은 용)의 명령을 받아 나타난 짐승 곧 적그리스도의 활동과 그 앞에서 일하는 거짓선지자의 유혹에 대하여 말한다.

'바다에서 한 짐승이 나오는데'에서 바다 곧 물은 많은 열국을 가리킨다(계 12:15). 또한 요한계시록 17장 15절의 '음녀의 앉은 물'은 백성과 무리와 열국과 방언들 곧 세상을 말한다. 그래서 바다는 세계 각국을 총칭하는 상징이다. 이 짐승은 열강의 힘을 배경으로 지상 권력을 가진 세상의 나라들 가운데서 나올 것을 의미한다.

1. 뿔이 열이고 머리가 일곱인 짐승

바다에서 나오는 짐승은 뿔이 열이고 머리가 일곱이었다. 이 짐승과 그 열 뿔, 일곱 머리에 대하여는 요한계시록 17장 9-13절이 해설한다. 머리는 산 곧 나라를 말하고(슥 4:7, 계 17:9) 뿔은 왕을 말한다(계 17:12, 단 7:24). 그래서 일곱 머리는 일곱 산 또는 일곱 왕이요, 열 뿔은 열 왕이다(계 17:9-10).

요한의 시대에 벌써 지나간 다섯 왕국은 애굽, 앗수르, 바벨론, 메대바사, 헬라이고 지금(요한의 때) 있는 것은 로마요 아직 이르지 아니한 것은 일시 패전하여 망했다가 재흥할 국가이다(계 13:3). 여기의 열 뿔은 열 나라요 열 왕인데 적그리스도를 맹주로 삼는다. 뿔은 권세를 상징하는데 열 뿔을 가졌으니 적그리스도의 권세가 실로 막강할 것임을 보여주고 있다. 열 뿔은 적그리스도에게 세력을 둔 연합세력이다.

2. 용의 능력과 보좌와 권세를 받은 짐승

용은 하나님을 대항하는 원수로서 마귀, 사탄, 옛 뱀이라고도 불린다 (계 12:9, 20:2). 요한계시록 12장 3절에서 붉은 용이라 함은 불같은 파괴의 정신을 가졌음을 가리킨다. 사탄은 짐승인 적그리스도에게 능력과 보좌와 권세를 주었다. 이는 짐승이 용의 하수인인 것을 분명히 드러내는 것이다. 창조주 하나님이 어린양 예수 그리스도에게 능력과 보좌와 권세를 이양하신 것을 모방하여 용이 짐승에게 능력과 보좌와 권세를 넘겨주었다.

3. 표범과 비슷하고 곰의 발 같고 사자의 입 같은 짐승

다니엘 7장 3-6절의 세 짐승이 그 배경이다. 표범은 빠른 속력을, 곰의 발은 미련한 힘을, 사자의 입은 용맹스런 공격을 표시한다. 다니엘의 환상에서는 바벨론의 무적의 용맹성과, 메대 바사의 힘과, 헬라 알렉산더대왕의 빠른 정복을 가리켰다. 본문의 짐승은 이 세 가지 특징을 종합하고 있으므로 더욱 무서운 권력을 뜻한다. 다니엘의 넷째 짐승인 로마의 권력이 그랬다. 이는 장차 올 적그리스도의 권력의 무서움을 드러낸 것이다.

4. 상하여 죽게 된 머리에서 나오는 적그리스도

머리하나가 상하여 죽게 된 것 같았는데, 그 상했던 머리는 그 나라가 망할 뻔 했다가 재흥한 것을 말한다. 역시 짐승이 어린양 예수 그리스도께서 일찍 죽임을 당하신 것에 대한 모방이다. 요한계시록 13장 3절에서 짐승의 머리가 누구에 의해서 치명적인 상처를 입었는지는 구체적으로 드러나지 않고 있으나 이것은 창세기 3장 15절의 "여자의 후손은 네 머리를 상하게 할 것이요"라는 말씀과 같다.

사탄의 세력들은 이미 예수 그리스도의 성육신과 생애, 십자가와 부활, 승천을 통해서 치명적인 상처를 입은 것이다(계 12:5, 7, 8). 그러나 그 상처가 '나았다'고 묘사된 것은 불과 유황 못에 영구히 던져지기 전에 그들에게 마지막 발악이 허용된 사실을 나타낸 것일 뿐이다. 분명히 마지막 적그리스도의 나라는 망했다가 재흥한, 과거의 역사상에 있었던 나라에서 다시 일어난다.

5. 온 땅이 이상히 여겨 따르는 짐승

망할 뻔 했다가 재흥한 나라이기 때문에 온 세상이 놀라고 두려워하며 열심으로 따르는 기이한 짐승이다. 이것도 그리스도께서 죽으셨다가 다시 살아나신 위대한 사실에 대한 거짓 모방이다.

최후의 적그리스도는 사탄으로부터 보냄 받은 자로 극히 가증한 것이다. 이 적그리스도는 이미 사탄으로부터 능력과 보좌와 권세를 받았기 때문이다. 사탄은 하늘에서 지상으로 내어 쫓긴 후, 적그리스도에게 막강한 자기 권세를 넘겨주므로 자신의 계획을 적그리스도를 통해서 이루게 하는 것이다.

이처럼 바다에서 나오는 짐승은 무서운 적그리스도다. 이 짐승은 반드시 역사의 무대 위에 등장할 것이다. 우리는 이런 성경적인 예언의 말씀을 잘 살펴서 이런 짐승의 정체를 정확히 파악할 수 있어야 한다.

44
성도들과 싸우는 짐승(계 13:4-10)

교회를 핍박하는 외적 세력(바다에서 나오는 짐승)과 교회 내에 나타날 거짓 선지자(땅에서 올라오는 짐승), 그리고 이들에게 그리스도를 적대하는 권세를 부여하는 용의 삼위일체적 모습을 본다. 본문을 통하여 종말에 나타나 그리스도에 반역하는 최후의 대박해자인 마지막 적그리스도를 알게 된다.

1. 누가 이 짐승과 같으뇨

여호와 하나님께 바치는 송가를 모방한 것이다(출 15:11, 시 35:10, 89:6, 113:5, 사 40:25, 46:5, 렘 49:19, 미 7:18). 즉 사단과 그의 지상의 권력자 짐승인 적그리스도는 하나님을 대신하여 경배와 찬미를 받는다.

그때 사람들은 두려워 떨며 누가 이 짐승과 싸우리요 소리친다. 감히 짐승과 맞설 자가 없다는 것이다(계 13:4). 이는 말세에 있을 적그리스도에 대한 숭배를 가리킨다. 이것이 그의 참람된 신분인 것이다. 죽게 되었다가 재생하므로 인기는 그에게 집중된 것이다.

2. 큰 말을 하고 참람된 말을 하는 짐승

그는 자칭 하나님이라 하는 참람된 태도를 취하고, 참람된 망언을 한다(단 7:8, 20, 25, 11:36, 살후 2:4). 사람에 대해 큰 말을 한다.

3. 마흔 두 달을 역사하는 짐승

마흔 두 달은 다니엘 9장 27절의 후반부를 가리킨다.

짐승의 일하는 기간은 42개월, 즉 마지막 한 이레중 후 3년 반의 기간에 해당한다(계 12:13). 각 족속과 백성과 방언과 나라를 다스리는 권세를 받으니 종말적 세계지배의 권력이 있다.

4. 하나님을 훼방하는 짐승

적그리스도는 하늘에 거하시는 지극히 높으신 하나님을 멸시하고 그 이름을 모독하며 훼방한다. 하나님의 교회와 성도를 핍박한다.

5. 성도들과 싸워 이기는 짐승

마지막 적그리스도는 성도들을 박해하며 일시동안 승리한다. 이때에 성도는 반드시 수난당할 처지에 있다(계 11:7-10). 이 말씀은 다니엘 7장 21-22절이 그 배경이 된다. 교회가 사탄에게 궁극적으로 승리하는 것이지만, 일시적으로는 사탄의 수족인 짐승이 교회를 능가하고 제압하는 것이다.

그것은 역사적으로 여러 번 나타난 사실이고 종말에 또 한 번 허용될 사실이다. 그래서 용의 권세를 받은 짐승인 적그리스도가 성도들과 싸워 이기지만 그 짐승의 권력은 일시적이요, 성도는 일시적으로 환난을 당하게 되는 것이다(계 11:7-10, 13:7-9, 단 7:21-22).

6. 온 세상의 경배를 받는 짐승

이 경배 행위는 단순한 외형 만으로의 배례가 아니고 그 대상을 신으로 여기는 종교적 경배를 뜻한다. 적그리스도의 으뜸가는 욕망은 만인 앞에서 경배를 받는 것이다. 그리스도만이 경배와 찬양을 받으실 분임을 잘 아는 사탄은, 하나님을 몹시 미워하기 때문에 예루살렘 성전에 자기의 형상을 만들고 경배하게 할 것이다(계13:15).

그래서 어린양의 생명책에 창세 이후로 녹명되지 못한 자들은 짐승에게 경배하게 된다. 하지만 생명책에 이름이 녹명된 자는 적그리스도의 핍박을 이긴다. 어린양의 생명책에 녹명된 자는 하나님의 택한 백성을 가리키는데 짐승을 이기게 된다(계 17:14). 유리 바닷가에서 승리의 노래를 부르고(계 15:2) 살아서 왕 노릇한다(계 20:4).

하나님의 택함 받은 백성은 ① 하나님이 그들로 하여금 이기도록 도와주심으로 이기고 ② 그들 자신이 택함 받은 줄을 알기 때문에 이길 만한 든든한 마음을 가짐으로 이긴다. "사로잡힐 자는 사로잡혀 갈 것이요, 칼에 죽을 자는 칼에 죽을 것이니"라는 말씀처럼, 사로잡는 자 짐승도 사로잡힐 것이다. 칼로 죽이던 짐승도 칼로 죽는다는 사실이다.

지금 인류의 역사는 주의 재림의 날을 목표로 달려가고 있다. 그리고 적그리스도를 등장시키려는 사탄의 음모도 활발하게 전개되고 있다. 어느 날엔가 이런 자가 계시의 말씀대로 우리의 눈앞에 분명히 나타날 것이다. 세상 사람들이 환호하고 영접하는 위대한 인물이 역사의 무대 위에 등장할 것이다. 한 번 죽었다가 다시 살아나는 제국에서 일어날 것이다. 하나님은 이 분명한 징조로 적그리스도의 등장 모습을 우리에게 보여 주신 것이다.

종말에 짐승이라고 하는 적그리스도가 등장하여 교회를 핍박한다는 사실을 마음깊이 새기고 적그리스도와의 투쟁을 각오하며 신부의 단장을 서둘러야 하겠다.

45
땅에서 올라오는 짐승 (계 13:11-18)

바다에서 나오는 짐승과 땅에서 올라오는 짐승의 이 두 짐승은 용과 더불어 마귀의 삼위일체라 불린다. 두 짐승은 마귀의 부하로서 교회를 핍박한다. 계시록 13장의 전반부에서는 바다에서 나오는 짐승인 적그리스도를 소개하였고, 후반부에서는 땅에서 올라오는 짐승인 거짓선지자에 대해서 말하고 있다.

1. 땅에서 올라오는 짐승의 모양

땅에서 올라오는 짐승은 거짓선지자를 말하는데, 그 모습은 새끼 양같이 두 뿔이 있고 용처럼 말한다(11절). 새끼 양같이 생겨서 그리스도와 흡사한 모양을 하고 있고 사탄의 메시지를 갖고 있다.

(1) 새끼 양같이 두 뿔이 있었다.

'새끼 양 같은 모양을 한 것은 그리스도의 모습을 흉내 낸 거짓 선지자를 뜻하며, '두 뿔'은 두 증인, 두 촛대, 두 감람나무를 본 딴 것으로써 비 진리를 선포하는 권세를 가리킨다(마 7:15).

(2) 용처럼 말한다.

이것이 거짓 선지자의 본질이다. 사탄의 영을 가진 자들이므로 사탄처럼 거짓의 진리를 계속하여 전파하는 자들이다. 용처럼 말하는 거짓선지자들을 삼가야 한다.

2. 거짓 선지자의 활동

(1) 처음 나온 짐승의 권세를 행한다.

거짓 선지자들은 적그리스도의 국가 앞에서 아첨하면서 믿는 자들을 핍박한다.

(2) 처음 짐승에게 경배하게 한다.

거짓 선지자는 적그리스도에게 예배하게 하는 본격적인 활동을 한다. 그러므로 땅에 있는 자들에게는 화가 있는 것이다.

(3) 큰 이적을 행하여 미혹한다.

심지어 사람들 앞에서 불이 하늘로부터 내려오게 하고 짐승 앞에서 받은바 이적을 행함으로 땅에 있는 자들을 미혹한다. 물질적이고 현실적이며 보이는 것만을 찾는 자들에게 던지는 최고의 미혹이다.

(4) 짐승을 위하여 우상을 만든다.

짐승을 위한 우상은, 느부갓네살 왕이 자기를 상징하는 금으로 만든 큰 신상과 같은 것을 가리킨다. 그런데 그 우상을 만들도록 조언하는 자들이 거짓 선지자들이다. 처음에는 짐승에게 경배하게 하더니 나중에는 짐승의 형상으로 된 우상에게 경배하게 한다.

(5) 짐승의 우상에게 생기를 준다.

짐승 형상의 우상에게 생기를 주어 우상으로 하여금 말하게 한다. 여기에서 '생기'를 준다는 것은 성령을 모방한 것이다.

말하는 우상까지 만들었으니 거짓 선지자들이 행하는 일들은 모두 괴이한 것들 뿐이다. 땅에 거하는 자들은 미혹에 빠져서 멸망의 길로 가게 된다.

(6) 우상을 섬기지 않는 자를 죽인다.

'우상에게 경배하지 아니하는 자들은 몇이든지 다 죽이게 하더라' 라고 하였으니 거짓 선지자가 직접 죽이지 않고 다른 손을 빌려서 죽인다는 말씀이다.

(7) 모든 자의 오른 손이나 이마에 인을 친다.

'표'는 '새긴 표식, 인, 형상'을 뜻하는데 한번 찍히면 지울 수 없는 '자국'을 뜻한다. 계시록 7장의 '성령의 인침'을 모방한 것인데, 역시 짐승의 표를 한번 받으면 영원히 지옥의 자식을 면치 못하는 절대적인 불행을 말한다.

(8) 표가 없는 자는 매매를 못하게 한다.

짐승의 표를 받지 아니하면 어떠한 물건이든 사고파는 자유를 박탈당한다. 그러므로 미리 신앙과 죽음의 각오로 무장할 것이다.

3. "666"은 무엇을 의미하는가?

(1) 666은 짐승의 이름이다.

666이라는 이름으로 불리워지는 자가 등장하면 적그리스도이다.

(2) 666은 짐승의 수효다.

적그리스도의 고유 명칭이 있는데 숫자의 수효로는 666이다.

(3) 666은 사람의 수효다.

6은 세상의 수이고, 마귀의 수이며, 불완전한 인간들의 수이다.

이 세상에는 이런 일들이 반드시 일어날 것이다. 성경이 그렇게 된다고 말씀해 주고 있기 때문이다. 적그리스도의 이 같은 일로 인하여 온 세상이 떠들썩하고 그를 따른다 해도 오늘의 이 말씀을 명심하여 진리를 견고히 붙들고 신앙의 지조를 지킬 수 있어야 한다.

46
짐승에 대한 신학자들의 견해(계 13:1-9)

요한계시록 13장에서, 바다에서 나오는 짐승이란 무슨 내용일까? 적그리스도로 상징되는 짐승에 대한 성경 주석가들의 견해를 들어본다.

1. 박윤선 박사의 견해

박윤선 박사는, "요한계시록 13장 3절의 적그리스도의 나라는 요한계시록 17장 10절의 제 7왕국 인듯하다. '죽게 되었던 상처가 나으매'라는 것은 그 나라가 망하다가 재흥한 제 8왕국이다. 그것이 망할 뻔 했다가 다시 일어난 것은 그리스도께서 죽으셨다가 다시 살아나신 위대한 사실에 대한 거짓 모방이다. 과연 이 최종의 적그리스도 나라는 사탄으로 말미암아 보냄을 받은 자니, 그것은 죄악이 화육한 것 같은 극히 가증한 것이다" 요한계시록 11장 7절의 주석에서는 "짐승이 무저갱에서 올라오는데 이는 짐승의 소속을 말하는 것으로 짐승은 무저갱에 속하였으며 지옥적인 잔인무도한 자라는 의미이다. 또 이 짐승은 적그리스도 나라를 의미하는데 이것은 옛날부터 여러 번 일어났다 멸망했다. 예컨대 애굽, 바벨론, 헬라 등이다. 본 절이 말하는 '짐승', 곧 적그리스도 나라의 절정적 출현기간은 7년 기간의 후반부이다"라고 하였다.

2. 강병도 박사의 견해

강병도 박사는, "요한계시록 11장 7절에서 '짐승'이 본서에서 제일 처음 등장하는데 이 짐승이 요한계시록13장과 17장에 언급된 짐승임을 암시한다. '짐승'의 기원은 다니엘 7장에 기록되어 있다. 다니엘서에 의하면 제국을 상징하는 네 마리의 짐승 중에서 다른 작은 뿔 하나가 나와 하나님의 백성을 대적하고 세상에 환난을 초래했다(단 7:1-25).

이 짐승은 이스라엘 백성들로 하나님을 섬기지 못하게 하였던 '안티오커스 에피파네스'(Antiochus Epiphanes)를 지칭하였으나 궁극적으로는 하나님을 대적하는 종말론적 적그리스도를 가리킨다. 이 적그리스도가 무저갱으로부터 올라온다는 것은 그 근원이 사탄이며 하나님을 대적하고 사람들로 하여금 그리스도로부터 돌아서게 하며 멸망당하도록 하는 존재임을 시사한다(계 9:1-11, 17:8)"라고 하였다.

3. 이상근 박사의 견해

이상근 박사는, "이 환상은 다니엘 7장의 배경과 요한계시록 17장 9-13절의 해설에서 이해되어야 한다. 다니엘의 환상은 네 짐승으로 보여진 인간역사를 그린 것이다. 즉 바벨론, 메대 바사, 헬라, 로마의 4대 제국의 흥망성쇠를 겪은 후의 메시야 왕국의 건설을 가리키는 것이다.

이 중 로마는 '영원한 로마'의 이름 그대로 그리스도의 재림 때까지 지속할 지상 권력을 가리킨다. 분문의 환상은 바로 그 '넷째 짐승'(단 7:7, 25)을 묘사한 것으로 본다" 요한계시록 11장 7절에서 주해하기를, "무저갱으로부터 올라오는 이 짐승은 바로 적그리스도를 가리킨다고 본다. 그는 대환난기의 그 후반기를 가장 무서운 환난으로 만드는 것이다"라고 하였다.

4. '윌밍턴 종합 성경연구'의 견해

"팀 라헤이(Tim LaHaye)박사는, 적그리스도의 국적에 관하여 설명하기를, '요한계시록 13:1을 보면 그가 바다에서 나온다고 한다. 그렇다면 이것은 지중해 주변 사람들의 바다를 의미하는 것이다. 여기서 보면 그는 이방인의 한 사람이 될 것이다. 또한 다니엘 9:26을 보면 그는 앞으로 올 백성의 왕이라 하였으니 그는 예루살렘을 멸망시킨 민족의 왕이 될 것이다. 역사적으로 볼 때 그것은 로마제국이므로 그는 확실히 로마인이 되어야 할 것이다'라고 하였다."

5. '옥스퍼드 원어성경대전'의 견해

"계시록 13장의 내용은 예수님의 재림 직전 말세의 대 환난을 보여주는 기사로 말세의 환난을 재조명하는 내용이다. 본장은 바다와 땅에서 나온 두 짐승에 초점을 맞추어 후 삼년 반의 환난에 대해 언급한다. 이 짐승은 다니엘 7장 3절과 밀접한 관계를 가진다. '큰 짐승 넷이 바다에서 나왔는데 그 모양이 각각 다르니' 거기서 등장하는 큰 짐승 넷은 각각 바벨론, 메대바사, 헬라, 로마를 상징한다. 그런 의미에서 본문에 언급된 이 짐승은 요한이 활동하던 당시 세계를 지배하는 막강한 힘을 가졌던 대제국 로마의 정치권력을 상징한다고 볼 수 있다. 그러나 본문이 그리스도의 재림과 관계된 미래의 예언이란 점에서 볼 때 그리스도의 재림 직전에 이 세상의 세력들을 규합하여 하나님을 대적하기 위해 일어날 적그리스도 또는 그 세력으로 보는 것이 타당하다"라고 하였다.

계시록 13장에 등장하는 바다에서 나오는 "짐승"은 세상 마지막 때에 로마에서 나오는 사탄의 종 "적그리스도"라고 보아야 할 것이다.

47
짐승, 적그리스도의 개념 (계 13:1-5)

하나님께서는 자기의 백성을 저희 죄에서 구원하시고 마귀를 없이 하시며, 마귀의 일을 멸하시고 하나님의 뜻을 성취하기 위하여 여자의 후손 되시는 하나님의 아들 예수그리스도를 세상에 보내시기로 작정하셨다(창 3:15). 그래서 성경은 우리에게 구원자, 하나님의 아들 예수 그리스도를 계시하고 있다(롬 5:12-21).

그런데 성경은 예수그리스도만 소개하는 것이 아니라, 뱀의 후손인 마귀에게 속한 적그리스도를 소개하고 있다. 성경은 그 한 사람 적그리스도에 대해서도 깊은 관심을 가지고 소개하고 있는 것이다(단 7:24-27, 마 24:25, 살후 2:1-4, 계 13:1-10).

요한계시록 13장에서, 바다에서 나오는 짐승은 적그리스도를 의미한다고 하였다. 그러면 짐승, 그 적그리스도의 개념을 알아본다.

1. 적그리스도라는 용어의 의미

예수 그리스도가 여자의 후손으로서 하나님의 복음역사에 절정을 이루었다면, 마지막시대 뱀의 후손인 사단의 절정은 적그리스도라 할 수 있다. 적그리스도란, '적'과 '그리스도'라는 두 합성어가 보여주듯이 그리스도의 대적을 가리킨다. 적그리스도라는 말은 '그리스도에 대항하는', '그리스도를 대신하는', '그리스도인체 하면서 그리스도를 반대하는 자'를 뜻한다. 적그리스도(Antichrist)는 "그리스도를 대적함"(against Christ)과 "그리스도를 대신함"(instead of

Christ)의 이중적인 의미를 지닌다.

그러므로 적그리스도의 용어는 단순히 『대적』의 의미에서만 파악되어서는 안 되며 그리스도를 종교적으로 흉내 내며 대신하는 기만적인 거짓 선지자들의 모습으로 나타나는 이중적인 의미로 이해되어져야 한다. 비록 적그리스도란 용어가 요한일서 1, 2장에서 사용되지만 그 용어는 '작은 뿔'(단 7, 8장), '멸망의 가증한 것'(마 24장), '불법의 사람'(살후 2장), '짐승'(계 13, 17장) 등에 적용된다.

2. 적그리스도의 개념

'적그리스도'(Antichrist)라는 말은 신약에서 사도요한의 처음 두 서신, 즉 요한1서 2장 18절, 22절, 4장 3절, 요한2서 1장 7절에 나타난다. 그러나 적그리스도의 개념은 성경 전체에 산재해 있다.

적그리스도란 용어는 오직 요한서신에서만 나타난다(요일 2:18, 22, 4:3, 요이 1:7). 사도 요한은 예수가 그리스도라는 사실을 부인하는 자들에게 이 말을 우선적으로 사용하였다. 요한일서 2장 18절에서 이 단어가 단수로는 그리스도를 대항하는 모든 활동들을 합체시킬 하나의 인격체를 가리키는데 사용하였고 복수로는 그리스도의 사역에 반대했던 자들, 곧 성도들의 모임에서 떠나버린 자들을 가리키는데 사용되었다. 요한일서 2장 22절에서는 이단을 향하여 적그리스도라고 불렀다.

요한일서 4장 1-6절, 요한이서 1장 7절에서 요한은 말씀이 육신이 되었다는 사실을 부인하는 자들이 적그리스도라고 말하였다. 적그리스도는 하나님의 말씀, 곧 하나님께서 예수님이라는 성육신의 교리를 부인한다. 또한 요한은 하나님을 대항하는 권세자인 사탄이 적그리스도가 아니라 그리스도에 대하여 잘못된 신앙고백을 하도록 유혹하는 자가 적그리스도라고 말하였다. 우리는 이 성경말씀에서 적그리스도에 대한 여러 사실들을 알 수 있다.

(1) 미래의 적그리스도의 특징을 이루는 영은 사도요한의 시대에도 이미 활동하고 있었다.

(2) 적그리스도는 마지막 때에 나타난다(요일 2:18, 22, 4:3).

(3) 적그리스도의 영은 배교의 영이다(요일 2:19).

(4) 적그리스도의 영은 예수가 그리스도임을 부인한다.
"아버지와 아들을 부인하는 그가 적그리스도니" (요일 2:22)

(5) 적그리스도의 영은 그리스도의 성육신을 부인한다.
"예수 그리스도께서 육체로 임하심을 부인하는 자, 이것이 곧 적그리스도의 영이니라"(요일 4:3, 요이 1:7)

적그리스도는 그리스도의 반대편에 서서 그를 대적하며, 말세에 인류를 자기에게 복종시킬 최후의 우두머리이다. 그리고 그는 하나님과 그리스도에 대한 최후의 반역을 주도한다.

종말에 나타날 최후의 적그리스도의 등장으로 종말의 모든 계시가 실제로 전개된다. 그러므로 다니엘서와 요한계시록에는 그의 등장으로부터 활동상과 그의 최종적인 운명에 이르기까지 비교적 상세하게 계시되어 있다. 우리는 적그리스도가 결코 상징적 인물이거나 이미 지나간 역사적 인물이 아니라 장차 주의 재림 시에 세상에 등장하여 실질적으로 활동할 하나의 인격적인 인물임을 알 수 있다.

최후의 적그리스도, 마지막에 나타날 그 한사람을 예의주시하면서 신앙으로 무장으로 대비해야 할 것이다.

48
적그리스도 이해(계 13:1-9)

13장은 적그리스도의 장이다. 성경은 예수 그리스도만 소개하는 것이 아니라 그 한사람 적그리스도를 소개하고 있다. 적그리스도는 어떤 존재일지 바로 이해해야 할 것이다.

1. 인격성

계시록 13장에는 적그리스도를 "짐승"으로 표현하고 있다. 이는 그의 성품이 짐승같이 잔인한 것을 가리키고 있는데, "어린 양"과는 대조가 된다. 사도 바울은 적그리스도에 대하여, 오직 인간에게만 적용될 수 있는 이름을 부여하고 있다(살후 2:3, 4).

바울이 표현하고 있는 불법의 사람, 멸망의 아들이란 단어는 요한복음 17장 12절에 예수님께서 가룟유다를 가리켜 말씀하실 때 "멸망의 자식"이라고 한 표현과 동일하다. 그러므로 적그리스도는 짐승과 같이 잔인한 인격을 가진 사람이다.

주께서 재림하기 직전에 나타날 마지막 적그리스도는 '그 불법의 사람'이란 한 인물로 등장하는 것은 분명한 사실이다. 그 불법의 사람은 어떤 추상적인 대상이아니라 보다 구체적인 대상을 가리킨다.

2. 출현의 시기

사도 요한은 요한일서 2장 18절에서 "지금도 많은 적그리스도들이 일어났다"고 경고하고 있다. 적그리스도들(Antichrists)이 이미 역사 속에서 출현하고 있다는 것이다. 그러나 바울은 데살로니가 후서 2장에서 "이미 불법의 비밀이 활동중"(살후 2:7)이라는 적그리스도 활동의 현재성을 인정하지만 그의 관심은 미래에 출현하게 될 '그 적그리스도'에 집중시킴으로써 미래적 측면을 살핀다.

그리고 이 적그리스도의 미래적 출현의 시기를 갸름할 기준들이 3가지 차원에서 제시되고 있다. 즉, 그는 먼저 배도의 사건 후에 나타날 것이고(살후 2:3), 그는 막는 자가 옮겨진 후에 나타날 것이며(살후 2:8), 주의 강림이 있기 전에 나타날 것이라는 것이다.

3. 초자연성

적그리스도는 자기를 스스로 높이며 "성전에 앉아 자신을 하나님이라" 하며 참람한 말을 하고(살후 2:4), 능력과 표적과 기적(살후 2:9)을 행하면서 보통 사람이 하기 어려운 일을 하고 있다. 사실 구약의 바벨론 왕(사 14:13) 두로 왕(겔 28:2) 북방 왕(단 11:36)의 자연적 인물들에 대한 초자연적인 묘사를 찾아볼 수 있다. 적그리스도는 자연적인 인물로 간주될 수 있으나 초자연적인 기적을 행하는 인물로 볼 수 있다.

4. 정체

과연 적그리스도는 누구인가? 이에 다양한 해석이 존재하였다. 첫째는 역대 로마 황제라는 견해(B. B. Warfield). 둘째는 로마 교황이라는 견해(C. Hodge 외 다수의 종교개혁자들), 셋째는 되살아난 네로라는 견해(F. H. Kern 과 F. C. Baur) 등이 있다.

성경의 교훈은, 과거에 많은 적그리스도적 선구자들이 존재하였으며 또한 앞으로도 계속될 것이라는 사실을 전제한 후, 특히 데살로니가

후서 2장에서 최후의 적그리스도가 주의 재림 직전에 출현하게 된다는 것을 가르치고 있다.

그러므로 적그리스도를 교황, 네로, 혹은 황제에 일대일 대응으로 고정시키지 않고 역사 속에서 다양한 형태로 출현했던 인물들과 운동들을 전부 포함하면서도 미래에 결정적으로 출현하게 될 '그 적그리스도'에 주목하게 된다. 사실 바울은 현재에 활동하는 불법의 비밀에 대하여 구체적인 언급을 회피하고 다가올 적그리스도에 관심을 모으고 있다.

5. 속성

그는 초인간(超人間)이며 마귀의 권능을 입은 멸망의 아들이다. 마귀가 가룟 유다를 제 하수인 삼듯, 적그리스도를 또 다시 하수인으로 삼는다. 적그리스도는 그리스도를 대적하는 자다. 유다도 예수님을 대적하였다. 예수님께서 유다를 가리켜 "멸망의 자식"이라고 했는데, 바울도 적그리스도를 "멸망의 아들"이라고 말하고 있다.

6. 활동

적그리스도는 사탄의 권능을 힘입어 수많은 기적을 행할 것이다. 사람들을 미혹시키고 그들로 하여금 어느 곳에든지 자신을 추종토록 할 것이다. 그의 통치 기간 중 전 3년 반은 위장된 것이라고 해도 그나마 두 증인이 활약할 수 있는 약간의 자유를 누릴 수가 있지만, 진정한 대 환난은 후반기 3년 반이 될 것이다.

우리는 성경적인 예언의 말씀을 잘 살펴서 적그리스도의 정체를 정확히 파악할 수 있어야 한다. 종말에 교회를 위협하는 적그리스도의 실체를 잘 알고 교회와 성도를 지켜야 한다.

49
넷째 짐승의 진상(단 7:1-28)

계시록 13장은 적그리스도의 장이다. 성경은 비록 '적그리스도'라는 단어가 포함되지 않았더라도 마지막 때에 나타날 적그리스도를 분명히 말씀하고 있다. '작은 뿔'(단 7:7, 8, 20-26), '장차 올 한 왕'(단 9:27), '불법의 사람, 멸망의 아들, 불법한 자'(살후 2:8), '바다에서 나오는 짐승'(계 11:7, 13:1-10, 17:8-17) 등이 모두 '최후에 나타날 적그리스도'를 가리키고 있다.

다니엘서 7장은 바벨론으로 포로로 잡혀간 다니엘이(B.C 605년) 바벨론 벨사살 원년에 받은 이상으로서 그 중요성이 매우 크다.

1. 바다에서 올라오는 네 짐승

다니엘이 꿈을 꾸며 본 이상은 하늘의 네 바람이 바다로 불 때 그 바다에서 네 마리의 짐승이 나왔다(단 7:1-14). 첫째는 사자, 둘째는 곰, 셋째는 표범, 넷째는 무서운 철 이를 가진 짐승이었는데 이 넷째 짐승의 머리에는 열 뿔이 있고 그 뿔 가운데서 또 다른 작은 뿔이 나왔는데 이 작은 뿔이 먼저 나온 세뿔을 뽑고 큰 말을 하는 것을 보았다. 그러면 '큰 바다'는 구체적으로 무엇을 지칭하는가? 성경에서는 하나님께서 대적하는 세상 권세들을 종종 큰물로 상징했다(사8:7, 17:12, 렘46:7, 47:2, 계17:1, 15).

(1) 네 짐승의 성격(단 7:1-8)

네 짐승의 공통점은 잔인하고 포악한 성격을 가지고 있으며, 이 세상에서 보는 일반적인 동물들과는 달리 모습이 괴이하다는 점이다. 그리고 마지막 네 번째 짐승이 이전의 짐승보다 막강한 힘을 갖고 있다는 점이 독특하다. 특히 '뿔'이라는 표현을 많이 사용함으로써 넷째 짐승의 힘, 권세 등을 부각시키고 있다.

(2) 네 짐승에 대한 심판(단 7:9-14)

네 짐승은 보좌에 계신 분에게 심판을 받게 된다. 이분은 '옛적부터 항상 계신 분'인데, 많은 수종자들을 거느린 상태에서 심판을 수행하신다(왕상 22:19-23, 욥 1:6-12, 사 6:1-4).

2. 넷째 짐승의 진상

다니엘이 꿈을 보고 근심하게 되었을 때에 하나님께서 그 계시를 해석해 주셨는데 그 네 짐승은 세상에 일어날 네 왕, 곧 네 나라이며 그 후에 성도가 나라를 얻고 영생을 누린다는 것이다(단 7:15-28).

(1) 첫째 짐승은 사자와 같은데 독수리의 날개가 있었다(단 7:4).

'사자'는 바벨론을 비유하고(렘 49:19) '독수리의 날개'는 그 군대를 비유한다(렘 49:22). 그 날개가 뽑혔고 또 땅에서 들려서 사람처럼 두 발로 서게 함을 입었으니 바벨론의 국권이 빼앗긴 뒤에는 그 민족이 보통사람으로 살게 된다는 것이다.

(2) 둘째짐승은 곰과 같은데 몸 한편을 들고 있었다(단 7:5).

'곰'은 사자 다음에 나올 만큼 크고 사나운 짐승이다. 두 짐승은 성경에서 가장 위험한 짐승으로 나온다(삼상 17:34, 잠 28:15, 호 13:8, 암 5:19). 곰이 몸 한편을 들었다고 한 것은 먹을 것을 덮치려고 대기하는 모습인데 메대 바사가 바벨론 왕국을 정복하려는 움직임을 비유한다.

(3) 셋째짐승은 표범과 같은 것이었다(단 7:6).

'표범'의 특징은 동작이 빠른 짐승이다(렘 5:6, 호 13:7, 합 1:8, 계

13:2). 그리고 이 셋째 짐승은 헬라를 비유한다. 바사가 다른 나라를 정복하는데 25년이 걸렸으나 헬라의 알렉산더는 표범같이 빠르게 13년 동안 더 많은 나라들을 정복하였다.

 (4) 넷째짐승은 무섭고 놀라우며 또 극히 강하다.

또 큰 철 이가 있어서 먹고 부서뜨리고 그 나머지를 발로 밟았으며 이 짐승은 전의 모든 짐승과 다르고 또 열 뿔이 있으며 또 다른 작은 뿔이 그 사이에서 나서 먼저 뿔 중에 셋이 그 앞에 뿌리까지 뽑혔다. 이 작은 뿔에는 사람의 눈 같은 눈이 있고 또 입이 있어 큰 말을 하였다(단 7:7-8). 이것은 로마를 비유하는데 로마는 나라들을 정복하기에 쉬지 않았다. 뿔은 성경에서 나라와 권세를 의미한다(신 33:17, 삼상 2:1, 왕상 22:11, 시 18:2, 암 6:13).

여기 열 뿔은 역사상 로마에서 나타날 열 나라를 의미한다. 그리고 열 뿔 가운데서 다른 뿔, 곧 작은 뿔이 일어난 것은 적그리스도를 말한다. 작은 뿔로 표현된 적그리스도는 지극히 높으신 하나님을 말로 대적하고(25), 상당한 기간 동안 성도를 괴롭힐 것이며(25), 마지막 심판의 때에 결정적으로 멸망당할 것이다(26). 그 후 하나님의 나라가 영원히 설 것이다. 다니엘서 7장에는 천국의 이정표가 그려져 있고 세계사의 조감도가 그려져 있다.

50
작은 뿔(단 7:15-28)

요한계시록 13장에 나타난 적그리스도에 대하여 다니엘도 증거하고 있다. 다니엘은 넷째짐승에 대하여 확실히 알고 싶었다. 그것은 모든 짐승과 달라서 심히 무서웠기 때문이었다. 하나님은 천사를 통하여 넷째짐승의 진상을 가르쳐 주셨다.

1. 넷째 짐승

(1) 넷째 짐승은 넷째 나라다(단 7:19-28).
(2) 모든 나라보다 달라서 천하를 삼키고 밟아 부숴뜨릴 것이며
(3) 그 열 뿔은 이 나라에서 일어날 열 왕이요
(4) 그 후에 또 하나가 일어나리니 세 왕을 복종시킬 것이며
(5) 그가 장차 말로 지극히 높으신 자를 대적하며
(6) 또 지극히 높으신 자의 성도를 괴롭게 할 것이며
(7) 그가 또 때와 법을 변개코자 할 것이며
(8) 성도는 그의 손에 붙인바 되어 한때, 두때, 반때를 지낸다.
(9) 심판이 시작되면 그는 권세를 빼앗기고 끝까지 멸망한다.

2. 작은 뿔, 적그리스도

다니엘7장의 초점은 결국 작은 뿔, 적그리스도에게 맞추어지고 있음을 알 수 있다(단 7:23-26). 적그리스도는 넷째나라 곧 구 로마 제국에서 다시 일어나는 열 뿔, 열 나라로 이루어지는 신 로마 제국에

서 나타나게 될 것이다. 열 뿔은 넷째짐승인 로마의 국가들이요 세상 끝 날까지 있을 것이다. 다니엘의 사상이 바울의 사상인데 바울은 적그리스도를 불법의 사람(살후 2:4)이라고 했다. 우리도 바울과 함께 여기에서 일어나는 작은 뿔은 적그리스도라고 한다.

작은 뿔이 적그리스도라고 해야 할 것은 그 작은 뿔이 세계적 역할을 하기 때문이다. 그리고 작은 뿔로 등장한 그는 하나님을 가장 지독스럽게 모독하는 마지막 세계 지도자이다.

적그리스도는 세상에 나타나면 잠시 동안 권세를 받아 일할 것이지만 그 기간은 42개월로 작정되어 있다(계13:5, 17:7, 단9:27). 사단의 도구인 적그리스도는 하나님의 허락하시는 범위 안에서만 움직이도록 되어있다. 그로 말미암아 큰 환난도 필경은 성도들을 위하여 단축된다(마 24:22).

이 기간 동안 적그리스도는 마귀의 권세를 받아 하나님과 성도들을 대적하며 주의 종들과 성도들을 사로잡고 괴롭힌다(계 13:5-18, 계 17:12). 예수님의 재림직전에 적그리스도로 말미암아 인류가 경험하게 될 무시무시한 환난이 오는 것이다. 그러나 그는 예수님 재림하심으로 주님의 손에 잡히고 그날에 마땅히 죽임을 당한다(단 7:11, 22, 26, 살후 2:8, 계 13:10, 17:8, 19:19-21).

3. 적그리스도의 멸망

주님이 재림하여 오실 때 마귀의 종인 적그리스도를 주의 입 기운으로 죽이실 것이다(살후 2:8). 그러므로 주의 재림이 시작되자마자 작은 뿔인 적그리스도는 순식간에 완전히 멸절된다. 이렇게 적그리스도가 권세를 빼앗길 때 사람들은 "저가 하나님이 아니었구나" 하고 깨닫게 될 것이다. 적그리스도인 작은 뿔은 옛적부터 항상 계신 예수

그리스도께서 오셔서 심판하심으로 멸망하고 세상 역사는 끝난다(계 17:8, 11).

하나님께서 일곱 천사를 보내어 하나님의 일곱 대접을 땅에 쏟는 날(계 15:1, 16:1-2, 18:1-3) 적그리스도와 땅의 임금들과 그 군대들은 예수그리스도와 그분의 군대로 더불어 최후의 결전을 치른다(슥 14장, 계 19:17-21). 이 최후의 결전을 아마겟돈 전쟁이라고 한다. 이 전쟁의 결과 주 예수께서 그 입의 기운으로 적그리스도를 죽이시고 강림하여 나타나심으로 폐하신다(살후 2:8).

 (1) 죽임을 당하여 시체가 불 못에 던져진다(단 7:11, 26-27).
 (2) 멸망으로 들어가게 된다(계 17:8).
 (3) 불과 유황불에 던지우게 될 것이다(계 20:10, 살후 2:8).

그러므로 이 싸움은 오래 지속되지는 않을 것이다.

"하나님의 날이 임하기를 바라보고 간절히 사모하라 우리는 그의 약속대로 의의 거하는 바 새 하늘과 새 땅을 바라보도다."

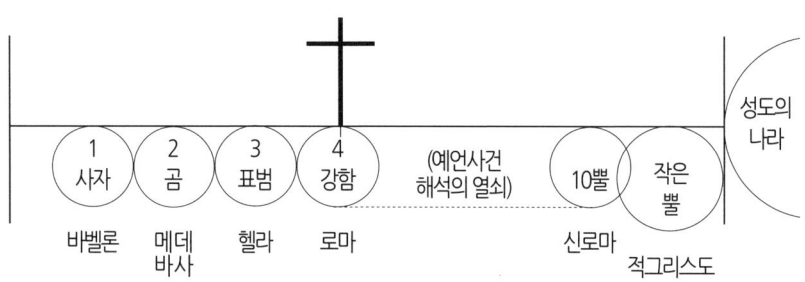

〈작은 뿔, 적그리스도의 역사〉

51 칠십 이레의 계시
(단 9:24-27)

요한계시록 13장의 적그리스도를 알고자 할 때, 칠십 이레의 계시를 알아야 한다. 다니엘서 9장 24-27절의 말씀은 성경에서 가장 광범위한 칠십 이레의 예언이다. 칠십 이레의 계시에는 성경 예언 중에 가장 중요한 예수님의 초림의 절정인 십자가와 세상 종말의 예수님 재림에 대하여 증거 되고 있다.

이스라엘이 고대하는 나라 즉 모든 억압으로부터 완전히 해방되어 허물이 마치고 죄가 끝나며 죄악이 영속되고 영원한 의가 드러나는 그 영원한 나라는 예루살렘을 중건하라는 영이 날 때부터 칠십 이레가 지나야 될 것이라는 말씀이다. 칠십 이레 계시의 궁극적인 목적은 넷째나라와 그 나라를 배경으로 한, 열 왕으로 말미암은 작은 뿔 즉 적그리스도의 활동 후에 하나님의 심판이 있은 후 성도들에게 유업으로 주시는 영원한 하나님의 나라를 목적으로 한다.

1. 칠십 이레의 뜻

다니엘 9장 24-27절의 칠십 이레는 칠십 주간이라는 말씀이다. 그러나 성경 원문에는 "칠십이 일곱 번이다"라고 기록되었다. 날짜로 따지면 70주간 곱하기 7일은 490일이 된다. 대부분의 학자들은 이 예언에서 하루를 1년(창 29:27-28, 레 25:8, 민 14:34, 겔 4:6)으로 인정하며 490년의 기간을 말한다. 칠십 이레 즉 490년은 하나님의 특별한 섭리가 펼쳐지는 기간이다.

2. 칠십 이레 계시의 내용

하나님의 백성과 거룩한 성을 위하여 칠십 이레로 기한을 정하셨는데 허물이 마치며(허물은 반역이라는 뜻), 죄가 끝나며(죄악을 치워 버리며), 죄악이 영속되며(죄를 덮으며), 영원한 의가 드러나며(하나님의 의가 영원하며), 이상과 예언이 응하며(이상과 예언을 마치며), 지극히 거룩한 자가 기름부음을 받으리라(예수 그리스도께서 무한히 성령 받으실 것이다)고 하셨다. 그리고 칠십 이레의 계시는 예루살렘을 중건하라는 영이 날 때부터 시작된다고 하셨다.

(1) "일곱이레와 육십이 이레"

일곱이레는 에스라와 느헤미야가 성전을 완공하고 길거리가 복구되며 예루살렘성이 복원되는 기간이다. 육십이 이레는 성전과 예루살렘 성 중건이 완성될 때부터 예수님 초림 때까지의 기간이다.

(2) "거리와 해자가 이룰 것이며"

'거리'는 넓은 장소로써 성안의 지역을 가리키고 '해자'는 참호를 의미하는데 도시의 외변 방위선을 가리킨다. 다니엘의 기도가(단 9:4-19) 응답되어 포로생활은 끝이 나고 예루살렘 회복을 말한다.

(3) "기름부음 받은 자가 끊어져 없어질 것이며"

기름부음을 받은 자가 끊어져 없어질 분은 예수 그리스도 이시다. 끊어진다는 말은 자연사가 아닌 피살되심을 가리킨다(사 53:8).

(4) "장차 한 왕의 백성이 와서 성읍과 성소를 훼파하려니와"

장차 한 왕의 백성은 지나간 역사상 로마군대와 그 지도자 디도(Titus)를 가리킨다. 주후 70년에 예루살렘이 멸망했다.

(5) "그가 장차 많은 사람으로 더불어 한 이레 동안의 언약"

여기에서 가리키고 있는 "그"는 문맥상으로 볼 때 26절에 나오는 "한 왕" 즉 로마의 왕을 가리키는데 그가 곧 적그리스도이다. 그리고 27절에 나오는 "그"이다. 이 적그리스도가 "많은 백성", 즉 이스라엘 민족과 계약을 맺는데 이 기간이 70이레 중에서 마지막 남은 한 이레인 7년이 된다. 예수님 오시기 직전의 마지막 한 이레, 7년 동안은 역사적으로 중요한 사건이 일어날 것이라는 예언이다. 다니엘 9장 27절, 11장 31절, 12장 11절의 미운물건은 모두 마태복음 24장 15절에서 주님이 해석하신대로 '멸망의 가증한 것' 즉 적그리스도의 일이다(막 13:14).

(6) "미운 물건이 날개를 의지하여 설 것이며"
우상의 세력을 가지고 하나님의 성전에 앉아 자기를 보여 하나님이라 하며 자기를 섬길 것을 강요하게 될 것이다(살후 2:4).

(7) "진노가 황폐케 하는 자에게 쏟아지리라"
'진노'는(사 10:23, 28:22) 변동할 수 없는 완전한 멸망이다. 적그리스도에 대한 하나님의 심판이다(단 7:26, 살후 2:8, 계 19:20).

〈70이레 계시의 내용〉

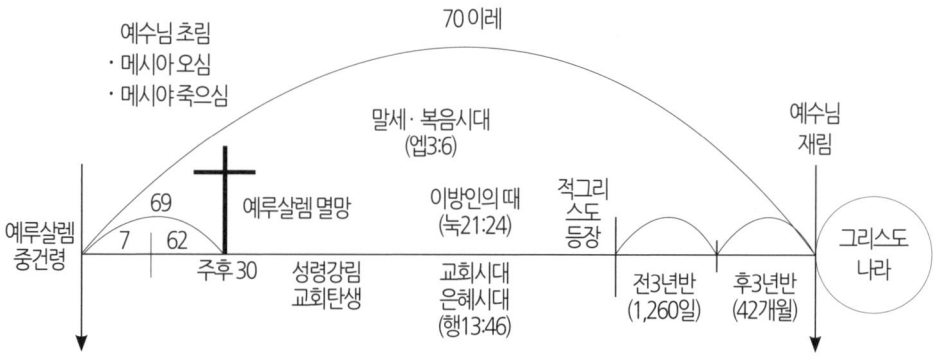

52
한 이레와 큰 환난 (단 9:25-27)

계시록 13장의 적그리스도는 다니엘서의 마지막 한이레에 환난을 주는 자이다. 다니엘서 9장 27절은 마지막 한이레의 환난에 대한 말씀이다.

1. 한 이레의 큰 환난

마지막 한 이레가 둘로 나뉘어져있는 것을 볼 수 있다. "그가 장차 많은 사람으로 더불어 한 이레 동안 언약을 굳게 정하겠고"라 했다. 그리고 "그가 그 이레의 절반에 제사와 예물을 금지할 것이며, 또 잔포하여 미운 물건이 날개를 의지하여 설 것이며 또 이미 정한 종말까지 진노가 황폐케 하는 자에게 쏟아지리라"고 했다. 한 이레는 둘로 나누어졌는데 그 절반에는 큰 환난이 들어있다.

2. 예수님말씀의 큰 환난

"이는 그 때에 큰 환난이 있겠음이라 창세로부터 지금까지 이런 환난이 없었고 후에도 없으리라"(마 24:21), "그 날 환난 후에 즉시 해가 어두워지며 달이 빛을 내지 아니하며 별들이 하늘에서 떨어지며 하늘의 권능들이 흔들리리라"(마 24:29)는 주님의 말씀에 큰 환난이 들어있다(마 24:15-31).

3. 바울 서신의 큰 환난

"그는 대적하는 자라 신이라고 불리는 모든 것과 숭배함을 받는 것에 대항하여 그 위에 자기를 높이고 하나님의 성전에 앉아 자기를 하나님이라고 내세우느니라"(살후 2:4)는 말씀대로 성도는 적그리스도의 큰 환난에 직면하게 될 것이다(살후 2:1-4).

4. 요한 계시록의 큰 환난

신구약 성경의 종합판이요, 예언의 종결편이라고 불리는 요한계시록에 보면, "또 짐승이 과장되고 신성 모독을 말하는 입을 받고 또 마흔 두 달 동안 일할 권세를 받으니라 짐승이 입을 벌려 하나님을 향하여 비방하되 그의 이름과 그의 장막 곧 하늘에 사는 자들을 비방하더라 또 권세를 받아 성도들과 싸워 이기게 되고 각 족속과 백성과 방언과 나라를 다스리는 권세를 받으니 죽임을 당한 어린 양의 생명책에 창세 이후로 이름이 기록되지 못하고 이 땅에 사는 자들은 다 그 짐승에게 경배하리라"(계 13:5-8)의 말씀처럼 짐승의 역사인 적그리스도의 환난이 마흔 두 달 예고되어 있다.

5. 적그리스도와 큰 환난

다니엘서 7장에서 작은 뿔로 표상되어 있는 적그리스도가 주님 재림하시기전에 먼저 세상에 나타나 온 세상을 황폐케 하며, 성도들과 더불어 싸워 이기며, 하나님을 대항하면서 마지막 발악으로 성도들에게 큰 환난이 일어나게 될 것이다.

 (1) 환난의 주도자 적그리스도

넷째 짐승, 넷째 나라에서 등장하는 작은 뿔, 즉 적그리스도로부터 성도는 큰 환난을 받게 된다(단 7:23-27, 단 9:27). 그는 성도들을 위협하며 그리스도를 배반하도록 강요한다(계 13:10, 마 24:13).

(2) 큰 환난의 시작

큰 환난, 마지막 환난, 후 삼년 반의 환난은 언제부터 시작되는지 다니엘 12장 11절에서 가르쳐 주고 있는데, 매일 드리는 제사를 폐하며 멸망케 할 미운 물건을 세울 때부터 라고 하였다.

(3) 후 3년 반, 큰 환난이 끝날 때(단 12:7)

큰 환난이 끝날 때는 주님이 재림하시고(마 24:29-31), 적그리스도는 유황불 못에 던져지며(단 7:22, 26, 9:27, 살후 2:8, 계 13:10, 16:10, 17:8-11, 계 19:20), 성도는 하나님의 나라를 유업으로 얻는다(단 12:1-3, 계 14:1-5, 7:9-17, 21:1-8, 22:1-5).

우리는 인류의 종말에 살아가고 있다. 주님의 재림에 소망을 두고 그 날을 바라볼 수 있어야 한다.

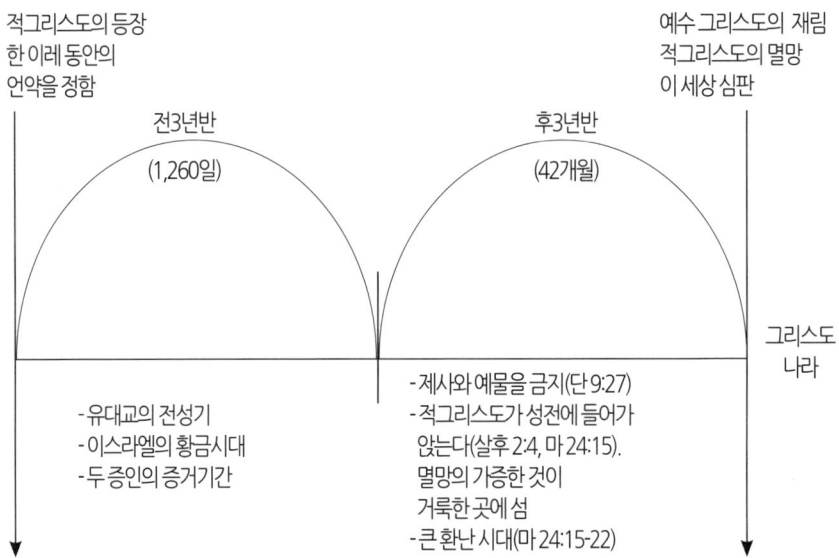

〈마지막 한 이레의 내용〉

53
성도는 환난을 통과한다(단 9:27)

요한계시록 13장에는 적그리스도의 환난이 기록되어 있다. 성도는 환난을 통과한다(단 9:27, 계 13:1-9). 환난과 핍박이라는 것은 우리에게 부담을 주는 내용이지만 예수님의 재림이 가까운 이 종말에 반드시 대비해야할 문제이기 때문에 이 말세에 어떻게 환난을 감당하고 이겨내야 하는가는 중요한 것이다. 그러면 예수님을 믿는 신자들이 언제 환난을 당하는 것일까?

마태복음 24장 15절의 주님의 말씀대로 멸망의 가증한 것이 거룩한 곳에 선 것을 볼 때이다. 멸망의 가증한 것 즉, 적그리스도로 말미암아 성도는 환난을 크게 당한다. 적그리스도에 의해 성도들이 당하는 환난의 기간은 그가 세상에 나타나서 많은 사람으로 더불어 한 이레 동안의 언약을 굳게 정한 때로부터 3년 반이 지난 후, 나머지 3년 반 동안이다. 따라서 우리는 성경에서 증거하는 환난은 7년 대환난이 아닌, 3년 반 동안의 대 환난임을 알 수 있다.

또한 우리가 3년 반 대 환난과 함께 반드시 알아야 할 사실은 휴거의 시기에 대한 문제이다. 마지막 때를 살고 있는 성도로서 환난 통과설과 환난 전 휴거설을 확실히 모르고 있거나 무관심하다면 도적같이 오시는 주의 강림을 어떻게 맞이할 수 있겠는가?

1. 성도의 환난

성경은 아무 곳에서도 성도들의 휴거와 부활이 대환난 전에 있으리라는 것을 말하지 않는다. 요한계시록 20장을 보면 대 환난 끝 날에 그리스도의 영광스러운 재림의 때가 온다. 교회가 대 환난을 통과한 후에 주의 재림이 있으리라는 것을 성경이 솔직하고 적극적으로 단언하고 있다.

(1) 요한의 증언
사도요한은 요한계시록 19장 하반에서 그리스도의 나타나심과 대환난의 종식이 묘사되고, 20장 처음에 성도들과 순교자들의 부활이 진술된 것은 대환난 후 재림에 대한 유력한 증언이다.

(2) 바울의 증언
사도바울은 주 예수께서 대환난의 주동자인 불법의 사람을 "죽이시고 강림하여 폐하시리라"고 말하여(살후 2:8) 주의 재림을 대 환난 끝에 배치하였다. 바울은 이 말씀보다 앞서서 "환난 받는 너희에게는 우리와 함께 안식으로 갚으시는 것이 하나님의 공의"이기 때문에 "주 예수께서 저의 능력의 천사들과 함께 하늘로부터 불꽃 중에 나타나실 때"가 있을 것이라고 말하여(살후 1:7) 환난 후에 재림하심을 당연한 원리로 제시하였다.

(3) 베드로의 증언
사도 베드로는 "오직 너희가 그리스도의 고난에 참예하는 것으로 즐거워하라 이는 그의 영광을 나타내실 때에 너희로 즐거워하고 기뻐하게 하려 함이라"고 말하여(벧전 4:13) 주의 재림이 환난 후에 있을 것을 말하였다. 주님은 환난 후에 재림하시기 때문에(마 24:29-30) 주님 오실 때의 종말은 대 환난의 기간이다.

(4) 성도는 환난통과 후 하나님의 나라를 유업으로 얻는다.
하나님께서는 우리와 함께하시고 하나님의 능력으로 보호하여 주시며 택한 백성들을 환난에서 건지실 뿐만 아니라 하나님의 나라를 유업으로 주시는 것이다. 하나님의 은혜의 경륜, 주권적인 섭리, 하나님의 계획하심의 이 모든 과정을 다 겪은 후에 살아계신 하나님의 능력을 힘입어 싸워 이기고 벗어나 하나님의 나라를 유업으로 얻을 것이다(계 11:15-17).

성도는 환란에 대한 성경적인 바른 이해를 가지고 믿음위에 굳게 서서 흔들리지 말아야 한다. 42개월, 후 삼년 반 동안 작정되어있는 환란의 기간 동안에는 하나님의 계명과 예수 믿음을 지켜야하는 성도의 인내가 필요하다(계 14:12). 하나님의 나라는 환난을 이기고 벗어난 자들이 마침내 들어가는 것이다.

2. 성도의 환난통과에 대한 성경말씀

(1) 적그리스도에게 한 때와 두 때와 반 때를 지낸다(단 7:25).
(2) 환난 후에 택한 자를 모으신다(마 24:29-31).
(3) 시험의 때를 면하게 하신다(계 3:10).
(4) 택하신 자를 위하여 그 날을 감하여 주신다(마 24:21-22).
(5) 천국은 환난에서 나온 자들이 들어간다(계 7:14).
(6) 환난 중에도 성도가 이 땅에 남아있다(계 13:10, 15-17).
(7) 적그리스도에게 생존의 위협을 받는다(계 13:17, 14:12).
(8) 재림과 휴거는 단회적 사건이다(살전 4:16-17).
(9) 끝까지 견디는 자가 구원을 받는다(마 24:13).
(10) 두 증인은 전 삼년 반 동안 활동한다(계 11:3).

54
배도하는 일이 있다(살후 2:1-12)

요한계시록 13장에 보면 적그리스도의 환난이 있다. 주께서 재림하실 말세가 되면 먼저 배도(背道)하는 일이 일어나고, 불법의 사람이요 멸망의 아들인 적그리스도가 나타나 자기를 보여 하나님이라 하며 성도의 신앙을 박해한다(살후 2:3).

그래서 바울은 데살로니가후서 2장 3절과 디모데전서 4장 1절, 디모데후서 3장 1-5절에서 대 환난과 더불어 큰 배교와 배도가 있을 것을 강조하고 있다. 바울은 이미 그의 시대에 배교와 배도의 경향을 발견했으나 종말에 가서 더 큰 대규모의 배도가 있을 것을 경고한 것이다(살후 2:3-4).

'배도'($\alpha\pi o\sigma\tau\alpha\sigma\iota\alpha$)는 '모반하게 한다', '잘못 인도한다', '떠난다', '물러간다', '떨어져 나간다', '배교자가 된다'는 의미이다. 여기에서 배도는 종말에 있을 복음에서 타락하고 그들이 믿던 하나님에게서 떠나며 그 옳은 믿음의 도리에서 반역하여 떠나는 것을 말한다. 그러므로 마지막 때가되면 하나님을 대항하여 악의 세력이 출현할 때에 대대적인 배도의 역사가 있을 것인데 수많은 사람들이 믿던 옳은 도리에서 반역하고 떠나갈 것이다.

1. 재림의 순서

데살로니가후서 2장에서는 주님의 재림 직전에 이루어질 사건들의 순서이다. 데살로니가 교회 성도들은 유난히 재림 문제에 열성적이었고 급기야는 주의 재림이 벌써 이루어졌다고 하며 신앙의 탈선행위까지 있었기 때문에 바울은 재림의 순서를 보여 준 것이다.

그래서 데살로니가후서 2장은 서론적으로 문제를 제기하고(1-2절)

불법의 사람의 출현(3-4절)과 이를 막는 자의 역사(5-8절)를 밝힌 후 멸망하는 자들을 지적한다(9-12절).

2. 적그리스도의 출현과 배도하는 일

불법한 자 적그리스도는 속임과 거짓으로 멸망하게 될 사람들을 미혹하는 일에 성공할 것이다. 하나님께서는 진리를 믿지 않고 불의를 좋아하는 자들을 심판하시기 위해서 그 멸망할 자들로 하여금 거짓 것을 믿게 버려두시기 때문이다. 이는 곧 영원하신 하나님의 정죄를 의미한다. 하나님의 진리와 사랑에 무관심하였고 냉담하였기 때문에 그들은 구원을 얻지 못하고 '불법의 활동'이라는 그물 속에 걸려들게 되어 적그리스도를 따르다가 멸망하게 되는 것이다. 그러므로 성도들은 배도자가 되지 않기 위하여 정신을 차리고 마귀를 대적하며 깨어있는 신앙을 지켜야 할 것이다.

3. 불법한자의 출현이 저지되는 이유

불법한자의 출현이 저지되고 있는 까닭은 아직 그의 출현이 허락되지 않았기 때문이며, 불법의 출현을 막는 분은 곧 하나님이시다. 하나님은 사단과 그의 세력까지도 제어하시는 절대 주권자이시다(욥 1:6-12, 2:1-6). 하나님께서는 필요에 따라 사단의 세력조차도 유효적절하게 사용 하신다. 그러므로 '불법한 자'가 이 세상에 나타나는 때는 하나님께서 그의 출현을 허락하시는 때이다.

4. 불법의 사람, 멸망의 아들의 출현

악한 자 적그리스도가 나타나는 방법이 있다(살후 2:9-10).
 (1) 사탄의 역사를 따라 나타난다.

적그리스도의 임함은 사탄의 의지와 계획에 의해서 출현한다.

(2) 모든 능력과 표적과 거짓 기적으로 나타난다.

데살로니가후서 2장 9절에 "악한 자의 임함은 사탄의 역사를 따라 모든 능력과 표적과 거짓 기적과 불의의 모든 속임으로 멸망하는 자들에게 임하리니"라는 말씀처럼 거짓된 모든 능력과, 거짓된 표적과, 거짓된 기적으로 갑자기 일어나는 경이롭고 이상한 일들을 보여주며 악한 일을 이룰 것이다.

(3) 불의와 모든 속임으로 나타난다.

'속임'은 쾌락, 유쾌, 정욕, 육욕을 뜻하므로 적그리스도의 본질은 속임과 허위와 정욕으로 가득 차 있는 것을 알 수 있다. 그러므로 불법의 사람이 나타나서, 능력과 표적으로 진리에 대한 사랑이 결여된 사람들을 유혹하는 데 성공하게 될 것이다.

5. 쉬 동심하지 말라

"동심"은 공포의 원인임으로 누구든지 동심만하면 키도 없고 돛도 없는 배와 같아서 표류할 수밖에 없다. 신자는 마음을 진리에서 절대로 떠나지 않아야 한다. 영으로나 말로나 성경으로 미혹하는 자가 있을지라도 쉬 동심하지 말아야 한다(살후 2:2, 요일 4:1).

55
불법의 사람 (살후 2:1-8)

계시록 13장은 적그리스도의 장이다. 바울은 이 적그리스도를 불법의 사람, 멸망의 아들, 불법한 자라고 불렀다.

1. 불법의 사람, 멸망의 아들

바울이 적그리스도에 대해 사용한 불법의 사람은, 다니엘 7장 25절의 때와 법을 변개코자 하는 '작은 뿔'을 가리키는데 불법의 사람 적그리스도는 기사와 이적으로 많은 사람을 미혹한다(살후 2:9-10). 그러면 누가 '불법의 사람, 멸망의 아들' 일까?

분명한 것은 '자기를 보여 하나님이라고 하며 숭배를 강요하는 자'를 마지막 최후의 적그리스도로 보는 것이 타당한 것이다.

2. 불법한 자, 적그리스도의 활동

(1) 불법의 사람임으로 악이 극단으로 나타나게 된다.

불법의 사람은 종말에 나타날 신앙의 대적자로서 다니엘서의 배경 아래(단 7:25, 11:36-39) 예수님께서 예언하신 '멸망의 가증한 것'(마 24:15), 요한일서 2장 18절의 '적그리스도'와 동일시된다.

(2) 하나님의 성전에 앉아 자기를 하나님이라 한다(살후 2:4).

하나님 성전에 앉아 '주'로 자처하고 하나님이 가지실 주권을 취한다. 여기 하나님의 성전은 예루살렘 성전을 의미한다.

(3) 세 뿔, 곧 세 왕을 복종 시키는 일을 한다(단 7:7-8, 23-24).
선지자 다니엘이 증거한대로 열 나라의 열 왕 중 세 왕을 복종시키는 자가 적그리스도이다. 10개국으로 이루어진 제국에서 적그리스도가 출현되지만 그 중 세 나라가 적그리스도의 권력에 의해 버려질 것이다(단 7:8, 단 7:20, 단 7:24).

(4) 그가 많은 사람과 한 이레 동안의 언약을 정한다(단 9:27).
적그리스도가 7년간의 한 이레의 언약을 세울 것이지만, 후 삼년 반부터 '그는 자존하여 하나님의 거룩한 성전에 들어가 자기가 하나님이라고' 선언할 것이다(살후 2:4).

(5) 때와 법을 변개코자 한다(단 7:25).
적그리스도의 권세와 거만함이 여기에 강력하게 나타난다. 그의 노력은 자연 법칙까지도 조종하고 지배하려하며 자기를 하나님과 동등한 위치에 서려고 할 것이다.

(6) 자기를 하나님이라 할 것이다(살후 2:4).
자기를 하나님이라 하며 성전에 앉아 숭배함을 받고 제사와 예물을 금지한다(단 9:27). 그가 나타나서 하게 될 가장 사악한 일은 재건될 하나님의 성전에 나아가 자기를 숭배할 것을 강요한다.

(7) 지극히 높으신 자를 대적한다(단 7:25, 계 13:6, 13:4).
작은 뿔, 적그리스도는 자신을 하나님만큼 높일 것이다.

(8) 성도들을 괴롭게 한다(단 7:21,25, 계 13:7).
적그리스도는 자기가 하나님이 되려고 지극히 높으신 자의 성도를 괴롭히며 성도들과 싸워 이긴다. 그가 하나님의 백성을 지배하려고 운동하는 시기가 바로 성도들에게는 환란의 때가 된다. 적그리스도로 말미암은 환란의 기간은 42개월이 된다(단 7:25, 계 13:5). 결국 이스라엘은 적그리스도에게 속았다는 것을 알고 회개의 운동이 일어난다(슥 12:10-14, 롬 11:25-28).

(9) 주의 종들을 이기고 죽인다(계 11:7).

적그리스도가 짐승의 형상으로 올라오면 주의 종들을 비참하게 죽일 것이다(계 11:8).

(10) 두 증인을 죽인다(계 11:3-8).

환난 시대에 전 3년 반이 차서 두 증인의 사명이 끝나면 적그리스도는 싸움을 일으켜 두 증인을 죽인다(계 11:10).

(11) 사람으로부터 신으로 경배를 받는다(계 13:3-4, 13:11-14).

사단의 특징 중 가장 두드러진 것 중의 하나는 자신이 하나님 행세를 하며 사람들로부터 경배를 받고자 하는 것이다.

(12) 예수 그리스도와 더불어 싸운다(계 17:12-14).

큰 전쟁 즉 남북전쟁, 핵전쟁으로 인하여 폐허가 된 이후에는 적그리스도가 두각을 나타낼 것으로 보인다. 그의 탁월하고도 주도적인 통치아래 세상을 정비하고 모든 것이 원상에 가깝도록 회복된다면 사람들은 그를 평화의 왕 메시야로 추앙하게 될 것이며 그는 전 인류의 총통으로 군림하게 될 것이다. 그리고 전쟁을 준비하여 동서전쟁을 일으키고 아마겟돈 전쟁으로 어린양과 더불어 싸울 것이다.

다니엘의 적그리스도에 대한 묘사가 인격적이요(단 11:36) 바울도 적그리스도를 불법의 사람 멸망의 아들이라고 인격적 존재로 설명하고 있듯이(살후 2:3-4) 장래에 출현할 마지막 적그리스도는 강력한 인격적 존재, 그 한 사람이다. 적그리스도의 활동을 미리알고 파악하며 준비하여 배도하지 않는 그리스도인이 되어야 한다.

56
십사만 사천의 노래(계 14:1-5)

14장은, 앞으로 될 일에 대한 전주곡이다. 또한 계시록 11장부터 13장의 결론이다. 짐승, 즉 적그리스도로 말미암은 대환난이 있었음에도 불구하고 인내로써 믿음을 지킨 승리한 성도들이 구원을 받는다(1-5). 그러나 짐승을 경배하고 신앙을 배도한 자들과 성도를 핍박하던 악도들이 심판을 받는다(9-20).

1. 시온산에 선 어린양과 십사만 사천

십사만 사천인은, 구원을 얻은 모든 성도들의 상징적 숫자로 여긴다. 곧 지상의 모든 족속 중 그리스도의 피로 사서 하나님께 '드려진'(계 5:9) 사람들로서 하나님의 인을 맞았을 뿐 아니라 어린양의 피에 그 옷을 씻어 희게 한 자들이다(계 7:1-8).

 (1) 시온 산

요한은 시온 산에 서 있는 어린 양을 보았다. 시온 산은 예루살렘 서남쪽에 있는 산으로 '봉우리'라는 뜻을 가지고 있어 높은 신앙을 상징한다. 또한 하나님이 계신 곳을 상징한다(시 50:2). 이 시온 산은 다윗이 세워 다윗성이다(삼상 5:7-9). 언약궤를 모신 곳이다(삼하 6:12, 16). 예루살렘과 동일시되기도 한다(사 40:9). 하나님이 축복하신다(시 128:5). 하나님의 거처이다(시 132:13-14). 바로 이 시온 산에 어린 양 예수님이 서 계신다. 그리고 십사만 사천인이 함께 서 있다. 정말 감격과 감탄의 순간이었다. 지금까지는 지상에서 일어나는 환난과 핍박과 슬픔과 고통과 죽음만을 보았는데 하늘의 시온산은 너무나도 감동적인 장소였는데 예수님께서 그곳에 계시기 때문이었다. 하나님께서는 계시록 13장에서 성도들의 고난을 보여주시고, 계시록 14장에서는 어떠한 고난과도 바꿀 수 없는 어린양 예수님이 서 계신 시온산을 보여 주신 것이다.

(2) 하늘에서 나는 소리

요한은 그 영광스러운 모습을 보고 하늘에서 나는 소리를 듣는다. 그 찬양은 많은 물소리와도 같다. 큰 뇌성과도 같다. 거문고 타는 소리와도 같다. 이는 구원의 감격에 대한 아름다운 찬양이다.

2. 십사만 사천 성도의 자격

구속함을 얻은 자, 곧 지상의 모든 족속 중 그리스도의 피로사서 하나님께 '드려진'(5:9) 사람들로서 하나님의 인을 맞았을 뿐 아니라 어린양의 피에 그 옷을 씻어 희게 한 자들이다(계 7:1-8).

(1) 이마에 어린양의 이름과 아버지의 이름이 기록된 자

이는 예수 그리스도의 신부가 된 천국 백성의 신분이 되었음을 보여준다(계 7:2-4).

(2) 새 노래를 부르는 자

십사만 사천이 하나님과 천사장과 구원받은 성도들 앞에서 새 노래를 부른다. 새 노래란 십자가의 구속의 은혜를 찬양하는 노래이다(계 5:9-10). 새 노래는 은혜의 노래이며, 영광의 노래이고, 아무리 불러도 끝이 없는 영원한 하늘의 찬송이다.

(3) 정절이 있는 자

'여자로 더불어 더럽히지 아니하고' 라 하였다. 여기의 '여자' 는 '여자들' 을 의미하는데 세상을 뜻한다. 즉 세상 안에 있는 짐승이나 새끼양 같은 우상을 말한다. 음녀에 타협하지 않은 절개 있는 신앙을

가진 자들이다. 믿음의 정조를 지키는 신앙을 말한다.

(4) 어린 양의 인도함을 받는 자

어린 양이 어디로 인도하든지 따라간다. 아브라함이 부르심을 받았을 때 갈 바를 알지 못하고도 순종하였던 그 순종이 있어야 한다.

(5) 구속함을 받은 처음 열매

환란 때에, 예수 그리스도의 첫 열매로 하나님께 속한 자들이다.

(6) 어린 양에게 속한 자

하나님과 어린 양에게 속한 자들이다. 오직 하나님과 예수님께만 소속되어 있다. 값으로 산 것이기 때문이다.

(7) 거짓말이 없는 자

거짓말이 없는 자이다. 이는 진리로 무장되어 있기 때문이다. 그러나 악한 종은 거짓말을 일삼는다. 주의 강림하신다는 약속이 어디 있느냐고 하며(벧후 3:4-5) 더디 오리라고 한다(마 2:48). 일반적인 거짓말도 무서운데 하물며 진리에 관한, 복음에 관한 거짓말은 씻을 수 없는 악한 것이다. '거짓말'은 주를 부인하는 말이다(계 16:13).

(8) 흠이 없는 자

흠이 없는 자들이다. 흠이 없는 자라고 하는 것 또한 도덕적 차원에서가 아니라 모든 죄가 어린 양의 피로 씻겨진 상태를 말한다.

십사만 사천은 구원 얻은 모든 성도의 상징숫자로서 하나님의 인을 맞았을 뿐 아니라 어린양의 피에 옷을 씻어 희게 한 자들이다.

57
영원한 복음(계 14:6-12)

요한이 공중에 나는 천사를 보았다. 그 천사는 영원한 복음을 가졌다. 그 영원한 복음은 땅에 거하는 자들에게 전할 것인데, 국가, 언어, 민족, 신분을 초월한 세상 사람들 모두에게 전할 복음이었다. 그러면 영원한 복음은 무엇인가? 영원한 복음은 그리스도의 복음이다. 그리스도의 십자가와 부활의 복음 외에는 다른 복음이 있을 수 없기 때문이다(갈 1:7). 대환난의 날에도 이 복음에서 떠나지 않고 반드시 구원받도록 하기위하여 천사는 영원한 복음을 외친다.

1. 하나님께 영광

공중에 날아가는 천사가 그리스도의 복음을 가지고 큰 음성으로 "하나님을 두려워하며 그에게 영광을 돌리라"고 외친다. 그 이유는 그의 심판하실 시간이 이르렀다는 것이다. 이는 변명할 수 없는 구원의 완성과 심판의 양면성을 가진 주님의 재림을 말하는 것이다. 십자가와 부활의 신앙을 가진 자가 주님의 재림으로 말미암아 영원한 구원을 이룰 것이기 때문이다.

이와같이 전 세계에 전할 영원한 복음은 때를 따라 나눠줄 양식인 것이다. 그래서 강력한 메시지로 마지막 심판을 경고하고, 하나님을 두려워하며 그에게 영광을 돌리라고 외치는 것이다. 우상을 숭배하지 말고 하늘과 땅과 바다와 물들의 근원을 만드신 이를 경배하라고 외치는 것이다. 하나님만 경배하는 것은 심판이 임박한 때의 가장 중요한 일이기 때문이다. 하나님을 기쁘시게 하는 예배의 삶을 사는 것은 어떤 다른 이유나 조건이 개입될 수 없는 오직 성도가 누리는 최고의 행복이고 축복이다.

2. 바벨론의 멸망

이제 또 다른 천사가 바벨론의 멸망을 외친다. 이런 바벨론의 모습은 비진리로 인해 무너지는 계시록 17장의 큰 음녀를 상징한다. 즉 하나님을 배반하고 용 곧 사단을 기쁘게 하는 불신적인 적그리스도의 세상을 말한다. 무너졌도다 무너졌도다 두 번 하였으니 아주 철저히, 완전히, 무너지고, 떨어지고, 사라진 상태를 말한다. 이 함락의 표현도 이미 이루어진 과거형으로 표현된 것은 그만큼 확실한 일이라는 것이다. 바벨론은 비진리로 부와 사치의 매력적이고 매혹적인 유혹으로 말미암아 세상을 멸망으로 인도한다.

"바벨론은 여호와의 손에 잡혀있어 온 세계가 취하게 하는 금잔이라 뭇 민족이 그 포도주를 마시므로 미쳤도다"(렘 51:7)

3. 짐승의 표를 받으면 하나님의 진노

다른 천사, 즉 셋째 천사가 다시 큰 음성으로 외친다. 그것은 앞에서 언급된 짐승의 표에 관한 것이다. 짐승과 그의 우상에게 경배하고 이마나 손에 표를 받으면 하나님의 진노를 받는다는 것이다. 종말에는 짐승의 표를 받지 않는 것이 믿음이다. 받지 말아야 무시무시한 하나님의 진노를 피할 수 있다. 그 진노의 잔은 섞인 것이 없이 부은 포도주이다. 이는 그 진노의 강렬함을 의미한다. 섞은 것이 없이 원색적으로 부어지는 하나님의 진노는 불과 유황과 고난이다. 이는 지옥의 형벌을 말하는 것이다. 소돔과 고모라 때도 이런 고통이 있었다(창 19:24). 불과 유황의 고난의 연기는 끝이 없다. 지옥에서 영원히 고난을 받게 된다. 영원히 지속될 지옥 형벌의 참상은 말로 이루 설명할 수 없는 것이다.

그러므로 666짐승의 표를 받느냐 받지 않느냐하는 것은 선택의 사항이 아니다. 죽느냐 사느냐를 다루는 가장 진지하고 심각한 사안이다. 당장 눈앞에 있는 경제적 이익이나 생활 때문에 짐승의 표를 받고 우상을 숭배하게 된다면, 지옥의 끝없는 형벌이 대가로 따르게 될 것이다. "그 고난의 연기가 세세토록 올라가리로다"라고 하였다. 짐승과 그의 우상에게 경배하고 그 이름의 표를 받는 자는 누구든지 밤낮 쉼을 얻지 못하리라 하였으니 시간의 개념이 없는 영원한 고통을 받는다. 밤과 낮도 없는 영원한 현재의 유황불의 고통이 얼마나 지긋지긋하겠는가. 실로 무섭고 끔찍한 고통이 아닐 수 없다. 그러나 그 표를 거부하는 것은 결코 만만한 것이 아니다. 성도의 인내와 믿음이 바로 여기에 있다고 할 정도로 힘든 것이다.

"성도들의 인내가 여기 있나니 저희는 하나님의 계명과 예수 믿음을 지키는 자니라"(계 14:12)는 말씀에서 보듯이 종말의 성도는 오직 참고 인내해야하는 믿음을 가르치고 있다. 참지 못하여 짐승이나 짐승의 우상에게 경배하며 짐승의 표를 받으면 영원한 유황불의 고통을 받는 것이다. 성도의 인내는 계명을 지키는 인내와 예수의 믿음을 지키는 인내이다(계 13:10). 왜 마지막 때의 일이 성경에 낱낱이 기록되어 있는가? 지금 준비 잘하여 믿음의 무장을 튼튼하게 하라는 말씀이다.

58
마지막 추수(계 14:13-20)

마지막 때, 성도들의 참 신앙 그 믿음의 인내가 어디서 입증되는가? 성도들의 인내가 바로 666 짐승의 표와 관련된다. 그것을 거부한 이들은 하나님의 계명과 예수 믿음을 지켰다는 믿음의 표가 된다. 이들이야말로 말씀을 듣고 말씀대로 결실한 자들이다. 이들은 거센 짐승의 활동에도 믿음으로 인내한 자들이다.

1. 주 안에서 죽은 자

"자금 이후로 주 안에서 죽은 자들이 복이 있도다"
이는 대 환난 때 믿음을 지키다가 순교하는 자체가 주 안에서 큰 은혜요 복이라는 사실을 강조하는 것이다. 순교는 죽음마저 이겨낸 승리요 환희이기 때문이다. 이런 천사의 음성이 들리자 성령이 그에 전적으로 동의하신다. "그러하다 저희 수고를 그치고 쉬리니 이는 저희의 행한 일이 따름이라"고 하신다.
땅에서 믿음을 지키기 위해 뿌린 수고는 하늘에서 그대로 갚아진다. 죽기 위해 예수를 믿으면 살게 될 것이니, 믿음의 선진들이 그렇게 살았다. 바울도 죽기를 각오 했다(행 21:13). 죽기까지 자기의 생명을 아끼지 말라고 하신다(계 12:11).

2. 곡식 추수

(1) 구름 위에 앉은 인자 같은 이가 있다(계 14:14-16).

구름 위에 사람의 아들과 같은 이가 앉아 있다. 예수 그리스도를 말하는데, 흰 구름은 주님의 거룩하심과 영광의 신비를 나타낸다.
 (2) 머리에는 금 면류관이 있다.
그 머리에는 금 면류관이 있는데 만왕의 왕 되신 예수 그리스도의 영광을 말한다.
 (3) 그의 손에는 이한 낫을 가지셨다.
그 손의 이한 낫은 아주 날카로운 낫인데, 휘두르셨다는 것은 순간적으로 영원한 단 한 번의 던짐을 뜻하므로, 취소할 수 없는 결정적인 거둠을 말한다.
 (4) 주의 낫을 대어 곡식을 거두소서.
천사가 성전에서 나와 구름 위에 앉은 이에게 큰 음성으로 외친다. 그것은 곡식이 다 익어 추수 때가 되었으니 낫을 휘둘러 거두라는 것이다. 이런 천사의 간청을 듣고 구름 위에 앉으신 예수님께서 낫을 땅에 휘둘러 곡식을 거두신다. 낫을 땅에 휘두른다는 것은 말씀으로 심판을 하신다는 것이며, 곡식을 거둔다는 것은 대 환난 때에 구원 얻은 성도들을 모으신다는 것이다.

3. 포도송이 추수

 (1) 성전에서 나오는 천사
또 다른 천사가 이한 낫을 가지고 성전에서 나온다. 성전에서 나온다는 것은 심판의 출처를 밝혀주는 것인데 하나님의 지시를 받아 움직이는 천사임을 보여준다(계 14:17-20).
 (2) 이한 낫을 가졌더라
천사까지도 예리한 낫을 가지고 있었으니, 그리스도와는 달리 믿지 않는 불신자들을 하나도 남김없이 심판하려는 의지를 뜻한다.

(3) 포도송이는 불신자들을 비유하고 있다

불을 다스리는 천사가 제단으로부터 나와서 이한 낫 가진 그 천사에게 큰 음성으로 포도송이 추수를 재촉한다. 불을 다스린다는 것은 불심판을 의미한다. 그런데 앞부분에서 이미 추수에 관한 것이 나왔는데 왜 또 여기서 포도송이 추수가 나오는 것인가?

그렇다면 포도송이는 무엇을 가리키는 것인가?

이것은 진노의 포도주 틀에 들어가는 심판의 대상인 것을 기억해야 한다. 그러므로 "땅의 포도송이"나 "땅의 포도"는 믿지 않는 불신자들을 비유하고 있다. 포도즙이 완전히 갈아져 자기를 부인하고 있는 것에 반해 포도송이는 아직도 자기의 모습을 완전히 가지고 있다. 그래서 이 포도송이는 불신자, 육적 성도, 음녀를 의미 하는 것이다. 그러므로 포도가 익었다는 것은 그들의 불신앙과 악함이 극에 달했다는 것을 말한다.

(4) 천사가 낫을 땅에 휘두른다

이는 말씀 심판을 말한다. 말씀은 좌우에 날선 검과 같기 때문이다. 심판은 말씀을 기준으로, 말씀에 의해 이루어진다.

(5) 땅의 포도를 거두어들임

포도를 거두어 하나님의 진노의 포도주 틀에 던져버린다. 말씀의 심판을 통해 육적인 거짓 신자나 불신자들을 심판하게 되는 것이다.

성 밖은 심판과 형벌의 장소이다. 심판의 대상은 언제나 밖으로 쫓기어 슬피 울어야 했다(마 25:10-11).

믿는 자 천국, 불신자 지옥, 심판 날 오면 면치 못하리!

59
이기고 벗어난 자들(계 15:1-4)

요한은 하늘에 간직되어있는 신비롭고 놀라운 일들을 계속하여 보고 경험했다. 짐승과 그의 우상과 그의 이름의 수를 이기고 벗어 난 자들이 하나님 나라에서 부르는 승리의 노래와, 일곱 천사로 말미암는 일곱 재앙의 서막을 본 것이다. 우리도 밧모섬의 요한처럼 하늘의 비젼들을 계속 보는 종들이 되어야 한다.

1. 일곱 천사의 일곱 재앙

요한은 하늘의 이적을 계속 목격했는데 일곱 천사가 일곱 재앙을 가졌다. 그것은 최후의 재앙인데 이것으로 하나님의 진노가 끝난다. 이 재앙은 다가올 일곱 대접 재앙인 것이다.

하나님은 은혜의 하나님이시다. 6장에 나오는 대환난 전에 하나님은 미리 4장, 5장에서 천국을 보여주셨다. 8장, 9장의 나팔 재앙이 있기 전에도 7장에서 하나님의 인침을 보여주셨다. 13장, 14장의 적그리스도와 추수 심판이 있는데 그 전에 11장, 12장에서 참 종과 참 교회를 보여주셨다. 16장 대접 심판 전에 15장에서 하나님의 보호하심을 보여주셨다. 이렇게 하나님은 환난을 만날 때에 피할 길을 주시든지 이길 힘을 주신다. 그러므로 성도들은 대환난이 거칠고 험해도 걱정할 것이 없다. 하나님은 성도를 끝까지 책임지신다.

2. 이기고 벗어난 자들

(1) 유리바다

요한은 불이 섞인 유리바다 같은 것을 보았다. 바다는 바다인데 유리바다였고 불이 섞여 있다. 바다는 파도가 있어야 하지만 유리바다는 변화가 있을 수 없으니 심판의 불변성을 말한다. 그리고 불이 섞여 있다는 것은 하나님의 중대한 심판을 상징한다.

(2) 유리바닷가

불이 섞인 '유리바다' 같은 것이 있고 또 짐승과 그의 우상과 그의 이름의 수를 이기고 벗어난 자들이 '유리바닷가'에 서서 하나님의 거문고로 모세와 어린 양의 노래를 부른다. '유리바닷가'는 바다의 복판에 비켜 서 있음으로 환난을 이미 벗어난 상태를 말해주는데, 마치 홍해바닷가 가장자리에 나와 서서 모세의 노래를 부르는 모습과 같다.

(3) 이기고 벗어난 자

짐승인 적그리스도와 그의 우상과 그의 이름의 수인 666을 이기고 벗어난 것이다.

(4) 어린양의 노래

그렇게 승리한 자들이 하나님의 보호를 감사하며 찬양했다. 하나님의 전적인 보호와 은혜로 된 것임을 알기에 하나님을 찬양했다.

① 하나님의 능력을 찬송하였다.

"전능하신 주 하나님이시여"하고 불렀는데 이는 못하실 일이 없는 너무나 크신 전능의 하나님을 부르는 감탄사이다. 하나님께서 만세전부터 계획하신 성도의 구원을 목적하신대로 다 이루어 주셨음을 감사하여 하나님을 찬양하였다(시 92:5, 98:1, 111:2, 139:14).

② 만국의 왕이심을 찬송하였다.

"만국의 왕이시여"라고 찬송했으니 오직 주 하나님만이 만국을 다스리시는 왕이시다. 그리스도의 십자가로 성도를 구원하시고, 동시에 믿지 않는 자들을 심판하셨다.

③ 주의 거룩하심을 찬송하였다.

"오직 주만 거룩하시니이다"라고 찬송하였다. 그의 이름을 최고로 영화롭게 하기위하여 거문고를 타면서 찬송하였다. 성도는 세상의 노래 대신 어린양의 찬송을 해야 한다(삼상 2:2, 시 99:3, 111:9).

④ 경배 받으실 하나님을 찬송하였다.

"만국이 와서 주께 경배하리이다"라고 했다. 주의 지으신 모든 열방이 와서 주의 앞에 경배해야 한다(시 86:9). 하나님은 경배를 받으실 분이기 때문이다. 그 이유는 짐승과 그의 우상과 666 짐승의표 앞에서 우리를 벗어나게 하신 구원의 역사인 것이다. 그래서 저들의 노래는 어린양의 노래라고 하였다. 유월절에 어린양의 피로 구원받았듯이 계시록에서도 성취되어 어린양의 노래를 부르는 것이다.

저들은 짐승과 우상과 666표의 환난 중에서 순교까지 불사하면서 신앙을 지켰는데, 자기의 공로와 업적은 생각조차 하지 않고 오직 하나님의 구원을 감격하며 찬송한다. 이는 환난의 강을 건넌 성도들이 부르는 감사의 찬양으로써 철저하게 구원의 주 하나님을 높이는 노래였다. 이기고 벗어난 자들이 '유리바닷가'에 서서 하나님의 거문고로 모세와 어린 양의 노래를 부를 때 얼마나 감격스러울까!

60
일곱 천사의 대접재앙(계 15:5-8)

사도 요한은 외로운 밧모섬에서 하나님의 마지막 심판을 수행하려고 만반의 준비를 갖추고 있는 일곱 천사를 보았다. 천사들은 하나님의 말씀만 떨어지기를 기다리고 있다.
마찬가지로 하나님의 자녀들은 마지막 때에 마지막까지 하나님의 뜻을 수행하려고 기다리는 자가 되어야 한다. 오늘, 교회에는 하나님의 명령이 떨어지면 목숨까지 버리는 순종이 필요하다.

1. 하늘의 증거 장막의 성전

인류역사의 마지막을 정돈할 일곱 재앙을 담은 일곱 대접이 드디어 일곱 천사에게 전달되는 장면이 공개된다. 그 일곱 대접 재앙의 출처는 열린 하늘의 성전이었다. 이는 하나님을 만나는 지정소를 의미한다. 광야교회에서부터 시작한 구약의 성소에서 법궤가 있는 곳을 지성소라고 하였는데(출 38:21, 민 1:50-53, 행 7:14) 마지막 재앙의 출처도 하나님께로부터 나온다는 사실이다. 열린 하늘의 증거 장막에서 일곱 재앙을 가진 천사가 나왔기 때문이다.

2. 일곱 재앙을 가진 일곱 천사

일곱 천사는 하나님께로부터 직접 대접재앙의 명령을 받고 하나님의 공의로운 심판역사를 위하여 부름 받았다. 이 일곱 천사는 마지막 대접의 재앙을 가진 천사들인데 맑고 빛난 세마포 옷을 입었고 가슴에는 금띠를 띠었다.

(1) 제사장의 옷을 입었다.

힌 세마포에 황금실로 수를 놓은 띠를 가슴에 띠고 있었는데 제사장은 하나님과 인간 사이에 화목직을 맡은 자이다.

(2) 왕의 옷을 입었다.

흰 세마포와 금띠는 왕의 의상이기도하다. 천사는 왕의 권위를 가지고 있었다.

(3) 성결의 옷을 입었다.

빛나고 흰 세마포 옷은 영적 성결의 상징이다.

(4) 금 대접을 받았다.

① 하나님의 진노가 가득담긴 금 대접 이었다.

금이 변하지 않는 것처럼 하나님의 진노의 심판은 변하지 아니하며 결코 취소될 수 없는 것을 뜻한다. 이는 하나님의 뜨거운 진노요, 조금도 섞임이 없는 완전한 진노요, 절대 진노요, 공의로운 진노를 말한다(계 14:10). 하나님의 용서 없는 최후의 진노를 말한다.

② 일곱 금 대접이었다.

이 대접은 성소에서 사용하던 금향로를 생각하게 한다. 향을 피우는 대접을 금 대접이라고 했다(계 5:8). 그 금대접속에 담긴 향은 성도들의 기도라고 하였다. 성전의 금 대접은 성도들의 기도를 담기도 했다(계 8:3-4). 또한 그 금 대접은 하나님의 단의 불을 담아다가 땅에 쏟기도 했다(계 8:5). 그런데 이번에는 하나님의 금 대접에 하나님의 진노를 가득히 담는데 사용했다.

3. 성전의 연기

이 진노의 금 대접 일곱이 전달되자 하나님의 영광과 능력 때문에 성전은 연기로 가득 찬다(사 6:4, 출 19:18, 왕상 8:10-11). 연기는 하나님의 영광의 상징이었다. 여기에서는 하나님의 최후적 심판에서 나타나는 무서운 영광을 뜻한다. 악에 대한 심판을 적극적으로 시행하시는 하나님의 모습이 묘사된 것이다. 이 영광 때문에 그 성전에 들어갈 자가 없도록 연기가 가득하게 되었다. 시내산에서도 그 영광에 접근함을 금하였듯이(출 19:18), 여기서도 하나님의 영광 때문에 성전에 들어가지 못한다.

이와 같이 그리스도의 십자가의 구속의 은총과 공로를 믿지 않고 거부하는 자들에게는 하나님의 무한하고 영원한 영광과 능력이 무서운 심판이 된다는 것이다. 하나님의 심판이 끝나기까지 성전에 들어갈 자가 없다는 것은 하나님의 진노가 극에 달하신 상태를 의미하며 모든 원수가 영원히 전적으로 멸망될 수밖에 없는 상태를 의미한다.

사도 요한은 이 같은 계시를 두려움으로 바라보았다. 이 진노의 금 대접으로 인해 이제 인류의 심판이 개시될 것이라는 두려움을 떨쳐 버릴 수 없었을 것이다. 이제는 돌이킬 수도 없고 취소할 수도 없는 막다른 최종적인 시점에 이른 것이다.

'하나님의 영광과 능력으로 인하여 성전에 가득 찬' 이 연기는 하나님의 진노를 상징해 주는 것이다. 일곱 천사가 일곱 대접을 쏟을 때에 이 땅에 내려지는 최종적인 진노의 재앙이다. 그러나 하나님께서는 성도를 애굽 고센 땅의 이스라엘 족속처럼 재앙 속에서도 보전하여 지켜주신다.

61
네 가지 대접재앙(계 16:1-9)

계시록 6장의 "인"과 계시록 8-11장의 "나팔"과 계시록 16장의 "대접재앙"의 관계는 서론과 본론과 결론의 관계라고 할 수 있다.

인은 뗀다는 의미에서 환난의 시작을, 나팔은 전시에 나팔을 불 듯 환난 중반부를, 대접은 쏟아버린다는 의미에서 종반을 의미한다. 마지막으로 한꺼번에 내려질 진노의 심판이 바로 대접재앙인 것이다. 하나님의 진노의 일곱 대접 재앙에서 처음 네 가지 대접재앙은 처음 네 가지 나팔재앙과 같은 대상에 주어진다.

1. 첫째 대접재앙

첫째 천사가 대접을 이 세상의 땅에 쏟는다. 그 대상은 두 가지인데 하나는 666 짐승의 표를 받은 이들이고, 하나는 그 우상에게 경배하는 자들에게 나타난다. 이는 질병의 고통이 짐승을 경배하는 자들에게 쏟아진다는 것을 나타낸다. 짐승의 표를 받은 사람들과 우상에게 경배하는 자들에게 악하고 독한 헌데가 나는데 이는 출애굽 전 애굽에 내려진 여섯째 재앙과도 같다(출 9:8-12).

땅에 쏟아진 대접 재앙으로 인해 독한 헌데가 났다는 것은 질병의 처참함을 말해준다. 이는 하나님의 징계의 방편으로써(신 28:35), 헤롯 안디바가 하나님께 영광을 돌리지 않아 충으로 비참한 종말을 맞이하였고(행 12:23), 수리아의 안티오커스 에피파네스도 벌레가 창자를 먹음으로 비참하게 죽었다.

하나님께서 애굽을 10가지 재앙으로 치실 때에 고센 땅을 구별하심 같이(출 8:22, 9:4, 26, 10:23, 12:27) 하나님의 진노의 대접이 쏟아지는 심판과 재앙의 날에도 하나님의 성령으로 인 맞은 하나님의 사람들을 구별하여 안전하게 하실 것이다.

2. 둘째 대접재앙

둘째 대접은 바다에 쏟아진다. 이 세상에 쏟아질 재앙을 표현하는 것이다. 그 결과 바다가 죽은 자의 피같이 된다. 죽었다는 것은 단번에 영원히 죽어 썩은 상태를 의미한다. 그렇게 푸르고 싱그러운 바다가 갑자기 죽은 자의 피와 같이 엉키어지고 모든 생물이 갑자기 죽었으니 역시 전 인류의 심판이다.

이는 애굽에 있었던 첫째 재앙(출 7:17-21)과 둘째 나팔과 같다(계 8:8-9). 둘째 나팔의 때는 바다의 생물 3분의 1이 죽지만 여기서는 전멸한다. 이러한 세상에서 인간의 부귀영화는 덧없는 것이 되고 만다.

3. 셋째 대접재앙

세 번째 대접이 강과 물 근원에 쏟아졌다. 그 결과 강과 물 근원이 피가 되어 버린 것은 이 세상 사람들이 살아가는 삶의 근원에 재앙이 쏟아진 것을 의미한다. 그 재앙으로 인류의 죽음이 범람하게 된다. 흔하던 물이 홀연히 피가 된다면 인류는 죽을 수밖에 없다.

셋째 대접재앙은 모세를 통해서 나일강과 애굽의 모든 물의 근원을 피로 변화 시켰던 재앙과 같다(출 7:17-21). 물의 근원과 강을 피로 변하게 하는 셋째 재앙은 인간 생존에 있어서 치명적인 것임을 말한다. 이는 순교의 피가 헛되지 않음을 보여주고 있다. 의인 아벨의 피에서부터 세례요한의 피까지, 아니 땅 위에서 흘린 의로운 성도들의 피를 다 신원하여 주시는 것이다(마 23:35).

이런 심판을 수종 들던 천사가 하나님의 의로우심을 찬양한다. 하나님의 이런 심판은 합당하시다는 것이다. 그들이 성도들과 선지자들의 피를 흘렸기 때문이다. 그래서 제단의 순교자들도 전능하신자의 심판이 참되고 의롭다고 고백한다. 계시록 6장에서 순교자들이 신원하여 주시기를 탄원했을 때 하나님께서는 순교자의 수가 차기까지 기다리라고 하셨는데, 이제 때가 되니 악인들을 심판하시는 것이다.

4. 넷째 대접 재앙

넷째 대접은 해에 쏟아진다. 해가 권세를 받는데 이는 그 재앙의 처참함을 말해주는 것이다. 맨 눈으로 태양을 볼 수 없을 만큼 그 열은 강력하다. 그런데 그 해가 권세를 받아 불로 사람을 태웠다. 넷째 나팔 재앙(계 8:12)에서는 해, 달, 별이 빛을 잃고 천계의 3분의 1이 어두워진 반면 여기에서는 오히려 해가 뜨거워져서 사람을 태운다. 그만큼 재앙이 비참해진 것이다.

짐승과 그의 우상에게 경배하는 자들은 자신들의 죄악들을 회개하지 아니하고 오히려 거스려 훼방한다(계 9:20-21). 회개도 성령님께서 사람의 마음을 감동하여 주실 때만이 가능함을 알 수 있다.

이렇듯 무시무시한 심판 속에서도 끝까지 회개하지 않는 그 악함을 볼 때 하나님의 심판이 참되고 의로우심을 알 수 있다. 이러한 때일수록 성도는 이 예언의 말씀을 읽는 자와 듣는 자와 그 가운에 기록한 것을 지키는 복 있는 자들이 되어야 한다.

62
세 가지 대접재앙(계 16:10-21)

일곱 가지 대접재앙이 계속되는 마지막 재앙, 곧 대접재앙의 집행에 대하여 말한다. 천사가 대접을 쏟아서 재앙을 남김없이 내린다. 하나님의 진노를 남김없이 쏟는 재앙이 계속된다.

1. 다섯째 대접재앙

다섯째 대접을 짐승의 보좌에 쏟으매 그 나라가 어두워졌다. 짐승의 보좌는 적그리스도의 정부, 어두워진 그의 나라는 그의 세상 나라를 말한다. 이는 짐승의 나라에서 삶의 의미를 찾던 자들에게 임한 영적 어두움을 말한다(출 10:21-23). 사람들이 아파서 몸부림치며 혀를 깨물게 되는 혹심한 고통을 당한다. 아파서 자기 혀를 깨문다는 것은 극한 심판의 고통을 말해주는 것이다.
그러나 아픈 것과 종기로 인하여 하나님을 훼방하며 회개치 않는다(계 9:20-21). 강퍅함은 애굽 재앙 때의 바로와 같다.

2. 여섯째 대접재앙

여섯째 대접은 큰 강 유브라데에 쏟아진다.
유브라데에 쏟으매(계 9:13-19) 강물이 말라 동방에서 오는 왕들의 길이 예비되며 개구리 같이 세 더러운 영이 용의 입과 짐승의 입과 거짓 선지자의 입에서 나온다. 저희는 귀신의 영이며 이적을 행하여 천하 임금들에게 가서 전쟁을 위하여 그들을 아마겟돈으로 모은다. 인류의 마지막 전쟁인 아마겟돈 전쟁의 서막을 시사하고 있다. 유브라데는 인류 최후의 전쟁의 장소이다. 강물이 마른 것은 전쟁을 위함이다. 이 길을 통해 동방의 왕들이 소집된다.

또한 개구리 같은 세 더러운 영이 출현하는데, 용의 입, 짐승의 입, 거짓 선지자의 입으로부터 나온다. 개구리는 율법에서 부정하게 여기는 것이다. 용의 입, 즉 사탄(옛 뱀)으로부터, 또한 짐승의 입, 거짓 선지자의 입으로부터 나온다. 세 더러운 영은 귀신의 영, 미혹의 영으로서 이적을 행하여 온 천하 임금들에게 가서 전쟁을 준비한다.

아마겟돈은 본래 '하르 메깃도'인데, 거기서 바락과 드보라가 가나안 왕을 멸하였고(삿 5:19), 아하시야왕이 예후의 화살에 죽었으며(왕하 9:27), 바로느고가 유대 왕 요시야를 죽였다(왕하 23:29, 대하 35:22). 그곳은 유대인들의 국가적 슬픔의 장소였다(슥 12:11). 따라서 그곳은 온 세상의 비애를 상징할 수 있는 곳인데 세계 최후전쟁의 명칭으로 사용된다. 이 아마겟돈은 어린 양의 군대와 적그리스도 군대의 최후 전쟁터가 된다.

3. 일곱째 대접재앙

일곱째 대접을 공기에 쏟았다.

땅, 바다, 강, 해, 짐승의 보좌, 유브라데 강에 이어 마지막으로 대접이 공기 가운데 쏟아진 것이다. 그러자 성전 보좌로부터 큰 음성이 들린다. 공기 가운데 쏟았으니 어느 곳에 피할 곳이 있겠는가? 공중 권세 잡은 마귀가 해를 받는 것이다(엡 2:2).

공기 가운데 재앙이 쏟아지자 번개가 있다. 이는 신속성을 상징한다. 음성은 권위성을 의미하고, 뇌성은 진노성, 공의성을 의미한다.

공기에 쏟으매 "되었다" 하는 음성이 들렸다. "되었다"는 "이루었도다"하신 계시록 21:6의 말씀과 동일한 의미로, 섭리가 다 이루어졌음을 선언하는 신구약 성경의 결론적인 말씀이다.

번개, 음성들, 뇌성이 있고(계 11:19), 큰 지진이 있으며, 중수가 한 달란트 되는 큰 우박이 쏟아진다. 이는 지금까지 있었던 어떤 재앙보다 심하고 극력하며 결정적인 재앙임을 의미한다. 그 결과, 큰 성이 세 갈래로 갈라져 철저히 멸망하고, 만국의 성이 무너지며 큰 성 바벨론이 맹렬한 진노의 잔을 받으니 각 섬도 없어지고, 산악도 간 데 없어진다고 하였다. 적그리스도의 중심지였던 바벨론이 무너지고 세상이 망하는 장면이다.

그러나 사람들은 여전히 회개 없이 하나님을 훼방한다. 우박 한 달란트는 100근, 60kg이나 되는 큰 무게이다. 이는 애굽의 일곱 째 재앙과 같은 것이다. 그 큰 우박에도 불구하고 최후 심판을 받으면서도 회개하지 못하는 악한 자들이다.

계시록 16장의 대접재앙을 보면서, 애굽의 재앙을 거울로 볼 때 더 명확하게 장차 될 일이 드러나게 된다. 열 가지 갖은 재앙이 애굽에 내려진 것은 이 세상 나라를 심판하실 것의 모형이다. 바로는 적그리스도의 모형이며 애굽이 그와 같이 하나님의 심판을 받았듯이, 마지막 적그리스도와 이 세상 나라는 확실히 멸망 받게 된다.

이러한 재앙들이 반드시 임하게 될 것이다. 인정사정없이 쏟아 퍼부으신다. 오직 죄인에 대한 심판만이 있을 뿐이다. 그리스도를 대적하는 무리와 그리스도를 떠난 무리, 회개하지 않는 무리가 이 재앙을 받는다. 그러므로 깨어 믿음을 지키는 자가 복이 있다.

63
아마겟돈 전쟁(계 16:12-16)

'아마겟돈(Armageddon)'은 '므깃도(Megiddio)'에서 온 말로서 '므깃도의 산'이라는 뜻이다. 이스라엘에서 가장 비옥한 이스르엘(Jezreel) 평야지대를 말하며 역대의 전략적 요충지였다(삿 5:19-21, 왕하 9:27, 23:29-30).
지금도 므깃도 입구에는 "인류 최후의 전쟁이 이곳에서 일어날 것을 성경이 예언하고 있다"는 내용의 안내판이 세워져 있다. 역사상 최후의 전쟁을 이렇게 이름 지은 것은 바로 계시록이다(계 16:13, 14, 16).

1. 아마겟돈의 지리적 위치

지리적인 관점에서 본다면 므깃도는 팔레스틴의 이스르엘 평원 경계상에 위치한 한 도시의 이름이다. 드보라의 노래에 시스라가 가나안군을 격파한 곳(삿 5:19), 수없는 결전들이 벌어진 곳(왕하 9:27, 23:29, 대하 35:22)으로 가나안 시대에 이미 알려져 있었다(수 12:21, 17:11). 그러므로 이스르엘 평원(나사렛 남방. 기손 방면의 에스도레온 평야)의 전략상의 도시였다.

이집트왕 투트모세 1세로 부터 나폴레옹(AD 1799)에 이르기까지 동서양의 대군들이 이곳을 그들의 가장 결정적인 대전 장소로 삼아왔다. 유대인, 이집트인, 페르시아인, 사라센족, 십자국, 드루스인, 터어키족들 모두가 바로 이곳에서 대전했던 민족들이다.

고대 이집트의 연대기에 보면 "므깃도는 천개의 다른 도시들과 견줄 정도의 요지다."라고 쓰여 있다(대하 35:20-25, 슥 12:10,11).

2. 천하만국이 그것을 치려고 모이리라

아마겟돈 전쟁은 적그리스도의 군대가 하나님께 대적하기 위하여 온 천하 임금들을 예루살렘으로 불러 모아, 재림 하시는 그리스도의 군대와 싸우는 전쟁이다. 성경은 '천하만국이 예루살렘을 치려고 모이리라' 는 것을 말씀하고 있다.

"천하만국이 그것을 치려고 모이리라"(슥 12:1-9)

"무릇 너희를 범하는 자는 그의 눈동자를 범하는 것이라"(슥 2:8)

"예루살렘을 치러오는 열국을 그날에 내가 멸하기를 힘쓰리라"(슥 12:9)

"내가 열국을 모아 예루살렘과 싸우게 하리니 성읍이 함락되며 가옥이 약탈되며 부녀가 욕을 보며 성읍백성이 절반이나 사로잡혀가려니와 남은 백성은 성읍에서 끊쳐지지 아니하리라 그때에 여호와께서 나가사 그 열국을 치시되 이왕 전쟁 날에 싸운 것 같이 하시리라"(슥 14:1-3)

스가랴서 14장 2절의 "내가 열국을 모아 예루살렘과 싸우게 하리니"라는 말씀은 그 마지막 싸움인 '열국과 예루살렘의 싸움' 을 말하는 것이다. 이것을 스가랴서 12장 3절에는 "천하만국이 그것을 치려고 모이리라"고 말씀하고 있다.

하나님의 일은 예루살렘에서 시작되어, 예루살렘을 중심으로 세계적으로 확대되고, 마침내 예루살렘에서 끝을 맺게 될 것이다. 그 땅에 천하만국이 예루살렘을 치려고 모일 것이다. 세상에 있는 모든 나라들이 총동원되어 예루살렘과 싸우기 위해서 아마겟돈이라 하는 곳으로 모여들어 여호와의 이름을 두신, 여호와께서 영원히 거하실 예루살렘으로 쳐들어오게 될 것이다.

"너희는 열국에 이렇게 광포할지어다 너희는 전쟁을 준비하고 용사를 격려하고 무사로 다 가까이 나아와서 올라오게 할지어다 너희는 보습을 쳐서 칼을 만들지어다 낫을 쳐서 창을 만들지어다 약한자도 이르기를 나는 강하다 할지어다 사면의 열국아 너희는 속히 와서 모일지어다 여호와여 주의 용사들로 그리로 내려오게 하옵소서"(욜 3:9-11)

이 마지막 큰일을 위하여 이 세상은 전쟁을 준비하고 용사를 격려하며, 보습을 쳐서 칼을 만들고 낫을 쳐서 창을 만들고 있다. 세계는 지금 전쟁준비로 광분하여 마지막 싸움을 준비하고 있다.

3. 하나님의 나라를 이루시는 하나님

하나님께서 자기 백성을 구원하시고 성도들을 환난에서 건져내시며 하나님의 나라를 이루시려고, 만국을 진동시키며 군왕들과 백성들의 마음을 감동하여 전쟁준비를 시키시는 것이다.

이 마지막 아마겟돈전쟁 중에 주님은 재림하시면서 그의 입 기운으로 적그리스도를 죽이시고 그의 군대들을 심판하시며 마침내 성도들에게 하나님의 나라를 유업으로 주신다.

"지극히 높으신 이의 성도들이 나라를 얻으리니 그 누림이 영원하고 영원하고 영원하리라"(단 7:18)

64
아마겟돈 전쟁의 결과(계 16:12-21)

동서전쟁 후, 적그리스도가 열국의 모든 군대를 동원하여 하나님의 도성 예루살렘을 공격하기 위해 쳐들어오는 전쟁이 아마겟돈 전쟁이다. 이 전쟁은 마침내 재림하시는 예수 그리스도가 개입하시는 전쟁이며 인류 최후의 전쟁이다. 아마겟돈이란 말은 성경 한곳에 나타나 있지만(계 16:16) 이 거대한 전쟁에 대한 설명은 여러 곳에 나타나 있으며 환난의 마지막 때에 일어날 이 전쟁은 '므깃도' 골짜기에서 일어난다.

1. 아마겟돈 전쟁의 성격

아마겟돈 전쟁은 지상에 재림하시는 그리스도와 적그리스도와의 싸움인 동시에 그 어느 쪽인가 가담해야 하는 세계적인 전쟁이다.
 (1) 아마겟돈 전쟁은 인류의 마지막 대 전쟁이다
 (2) 영적으로는 적그리스도의 주도하에 사탄의 권세아래 있는 악한 인생들이 하나님을 대적하여 싸우는 마지막 전쟁이다.
 (3) 하나님의 나라가 임하시는 최후의 진통이다. 이 전쟁으로 세상은 망하지만 영원한 하나님의 나라가 시작되는 것이다.
 (4) 하나님께서 그 원수를 심판하시는 전쟁이다.
 (5) 적그리스도의 군대와 강림하시는 그리스도의 군대와의 최후의 싸움이다.
 (6) 성도는 아마겟돈 전쟁에서 승리의 영광에 참예한다.

2. 아마겟돈 전쟁의 결과

세계 남북전쟁이 일어나면 승자도 패자도 없이 황폐하게 끝나고, 적그리스도가 등장하며, 하나님의 성전은 예루살렘에 건축하게 될 것이다. 그 후 세계의 패권은 유럽과 아시아가 격돌하는 동서전쟁이 일어나게 되는데 이 싸움에서 사람 삼분의 일이 죽게 된다. 싸움의 승자는 유럽이 될 것이고 이 때 바벨론의 완공과 신전이 재건될 것으로 보인다.

> "그들이 시날 땅으로 가서 그를 위하여 집을 지으려함이니라 준공되면 그가 제 처소에 머물게 되리라"(슥 5:5-11)

짐승의 보좌, 세계를 통치하는 세계 정부의 수도가 앞으로 큰 강 유프라데스 동쪽 바벨론에 세워지게 될 것이다. 유프라데스 강을 중심으로 하여 동쪽에는 바벨론이 있고 유프라데스 강을 중심으로 서쪽에는 예루살렘이 있다.

> "세 영이 히브리음으로 아마겟돈이라 하는 곳으로 왕들을 모으더라"(계 16:16)

바벨론이 재건되면 바벨론에 근거한 적그리스도가 온 세상의 임금들과 열국의 군대를 거느리고 예루살렘으로 쳐들어가기 위하여 아마겟돈이라는 곳에 모였다가 하나님과의 마지막 싸움을 치르게 될 것으로 예상된다.

즉, 동서전쟁이 끝나면서 군대가 해산하는 것이 아니라 오히려 천하의 왕들을 아마겟돈으로 모으면서 하나님의 큰 날에 있을 전쟁을 준비하게 되는 것이다.

온 천하 임금들이 미혹하는 용과 짐승과 거짓 선지자에게 속아서 적그리스도와 함께 아마겟돈으로 모여 하나님과의 큰 싸움을 벌이게 되는 것이다. 그 때 예수님께서 재림하시고 적그리스도와 그를 추종하는 세상의 군왕들과 나라들을 심판하시며 멸망시키신다.

인류의 마지막 전쟁이요, 성경 역사의 마지막 전쟁인 아마겟돈 전쟁은 그리스도의 재림으로 말미암아 끝이 나고 성도들이 영원한 나라를 유업으로 얻게 되는 영원한 축복의 시작이 된다(계 15:2-3).

〈아마겟돈 전쟁〉

◇ 전쟁 주도자 : 하나님(욜3:2)
◇ 전쟁의 시기 : 여호와의 날(슥14:1)
◇ 전쟁의 목적 : 열국 심판(욜3:2-8)
◇ 전쟁 당사자 : 예수 그리스도와 적그리스도(계19:11)
◇ 전쟁 도발자 : 적그리스도와 열국의 군대(계19:19)
◇ 침공 진격지 : 예루살렘
◇ 침공 결과 : 성읍이 함락되며 가옥이 약탈되며 부녀가 욕을 보며 성읍 백성의 절반이 사로잡혀 가고 남은 백성 은 성읍에서 끊쳐지지 아니함(슥14:2)
◇ 그때 일어나는 현상 : 예수 그리스도의 강림과 감람산의 한가운데 갈라져 절반씩 남과 북으로 나뉨(슥14:3-4)
◇ 전쟁 개입자 : 재림하시는 예수 그리스도와 하늘 군대(계19:11-14)
◇ 전쟁 최후결과 : 예수 그리스도의 입에서 이한 검으로 만국을 침(계19:15), 짐승과 군대를 불 못에 던짐(계19:20)
◇ 당시의 징조들 : 일월성신의 징조(계16:17-21, 욜3:15, 슥14:6-7, 마 24:29)

65
큰 음녀 바벨론의 멸망(계 17:1-6)

17장은 계시록 16:17-21에 나오는 일곱째 대접재앙의 확대 설명이라고 볼 수 있으며 바벨론의 멸망을 말하고 있다. 그리고 음녀는 바벨론, 즉 로마로 본다. 17장에서는 바벨론을 큰 음녀, 어미 등으로 묘사하였다. 이것은 바벨론의 정신적, 도덕적, 영적 타락성을 말한 것이다. 그리고 18장에서는 바벨론을 큰 성(계 18:2, 10, 18, 19, 21)이라 하였다. 정치적, 경제적, 상업적, 공업적, 예술적 성격을 띤 바벨론 문화의 타락을 말한 것이다.

1. 큰 음녀

여기의 "큰 음녀"는 바벨론을 의미했다(계 17:5). 그리고 "많은 물"은 열국을 상징한다(계 17:15). "많은 물"이나 "바벨론"은 모두 상징적으로, 전자는 많은 백성을, 후자는 로마를 가리킨다. 당시 대로마의 영토 내에는 모든 민족이 있었고, 수도 로마는 그 위에 군림해 있었던 것이다. 이 로마는 미래에도 전 세계 백성을 우상 경배로 유인할 것으로 예상된다(계 18:3, 9).

2. 큰 음녀의 모습

1절에서 그 '음녀'는 '많은 물 위에 앉아 있다.' 그러나 3절에서는 그 음녀가 '광야로 가서' 그 짐승 위에 올라타고 있다.

 (1) 붉은 빛 짐승을 타고 있는데 그 짐승의 몸에 참람 된 이름이 가득하고 7머리와 10뿔을 가졌다. '붉은'이란 사치하고 호화로운 것을

표시한다. 큰 음녀는 사치의 마력을 띠고 나타난다. 그 음녀가 탄 짐승의 몸에는 참람된 이름들로 가득하다. 이는 그가 중상, 모략, 모욕, 조롱, 악담들을 사용하여 하나님을 훼방하게 될 것을 말한다.

일곱 머리는 곧 일곱 국가를 뜻한다. 애굽, 앗수르, 바벨론, 메대 바사, 헬라, 로마, 적그리스도의 국가를 말한다. 일곱 머리, 열 뿔로 나타난 각각의 나라는 공통점이 있다. 그것은 먼저 여호와 하나님을 대적하고 하나님의 백성인 이스라엘을 멸망시키고자하며 그 나라의 통치자는 자신을 신격화시켜 자신을 숭배하게 한다는 것이다. 적그리스도의 나라들이 그러했다.

　① 애굽 - 인구 말살 정책으로 나일강에 빠뜨림
　② 앗수르 - 북왕조 이스라엘을 멸망시킴
　③ 바벨론 - 남왕국 유다를 멸망시킴
　④ 메대,바사 - 하만이 유대인을 일시에 죽이려 함
　⑤ 헬라 - 안티오커스 4세(에피파네스)의 유린과 성전 훼파
　⑥ 로마 - 조직적인 기독교 박해
　⑦ 로마 - 대 환난을 지배하게 됨

 (2) 자주 빛과 붉은빛의 옷과 금과 보석과 진주로 꾸몄다.

음녀의 복장은 자주 빛과 붉은 빛이 난다. 자주 빛은 왕의 복장을 도용한 것이며, 붉은 색은 로마 군인의 군복, 기병의 군기 등의 색이었다. 자주 빛과 붉은 빛 옷은 왕의 옷(마 27:28) 또는 극히 사치한(눅 16:19)생활을 표시한다. 금과 보석과 진주로 꾸민 것은 역시 호화롭고 사치한 장식품들이다. 로마제국을 올라타고 군림하는 큰 성읍을 의미하고 있다.

 (3) 손에는 금잔을 들었는데 가증한 물건과 음행의 더러운 것들이 가득하다. 손에 금잔을 가진 것은 귀한 직분을, 가증한 물건과 그의 음

행의 더러운 것들이 가득하다는 것은 우상숭배를 나타낸다.

(4) 이마에 이름이 기록되었는데 '큰 바벨론'이라 쓰여 있다.

당시의 로마 창녀들이 머리띠에 자기 이름을 써 넣었던 관행을 암시하고 있다. '비밀'이라는 말은 그 이름이 상징임을 의미한다(계 11:8). 음녀는 땅의 음녀들과 가증한 것들의 '어미'라 함은 거대한 나라, 거대한 힘을 말하는 것으로, 그녀의 자만이 폭로되고 있다.

(5) 음녀는 성도들의 피와 예수의 증인들의 피에 취해 있다.

예수의 증인은 복음을 증거하다가 순교한 사람들은 가리킨다(계 11:8). "피에 취함"이란 선지서에 자주 보이는 표현으로(사 34:5-7, 51:21, 렘 46:10),

여기에서는 성도들을 핍박하고 죽이는 종말적 세속 세력을 말한다. 화려하게 자신을 위장하면서 엄청난 학대를 행하는 그 음녀를 볼 때 요한이 너무나도 기가 막혀 크게 이상히 여겼다.

(6) 음녀의 최후는 망하는 것이다.

열 뿔과 짐승, 즉 적그리스도와 그의 국가가 이 음녀를 멸망시키고 만다. 미워하고 벌거벗게 해서 망하게 하는데 그 살을 먹고 불로 태워버린다. 완전히 멸망시켜 버리는 것이다. 이용한 후 버린 것이다. 여자는 땅의 임금들을 다스리는 큰 성이었다(계 17:18).

우리의 하나님은 공의의 하나님이시다. 인간의 생사화복 나라의 흥망성쇠를 다 주장하고 계신다.

66
일곱 머리 열 뿔 짐승(계 17:7-18)

앞에서는 주로 음녀의 모양을 묘사하였으나 여기서는 그녀가 탄 짐승을 주로 말한다. 전자에서는 그 모양 묘사에 치중하고 여기서는 그 뜻을 밝힌다. 그리고 탄자와 태운 자의 관계에 관심을 쏟는다. 여기에서 짐승은 그 음녀를 지지해 주는 제국이다.

1. 짐승의 비밀

맨 먼저 마귀는 역사 가운데 애굽으로 표상 되었고, 이것은 용의 일곱 머리 중 첫째 머리에 해당한다. 그 다음은 앗수르이며 이어서 바벨론, 메대 바사, 헬라, 로마, 구로마권 내에서 나타나는 재생 로마로 이어진다. 이것이 열 뿔, 일곱 머리가진 용의 비밀이다.

이 때 일곱 머리, 열 뿔로 나타난 각각의 짐승의 나라는 공통점이 있다. 그것은 먼저 여호와 하나님을 대적하고 하나님의 백성인 이스라엘을 멸망시키고자 하며 그 나라의 통치자는 자신을 신격화시켜 자신을 숭배하게 한다는 것이다.

(1) 일곱 머리와 열 뿔 가진 짐승의 비밀
이 짐승은 계시록 13장 1절의 짐승이며 적그리스도의 국체이다.
(2) 전에 있었다가 지금 없으나 무저갱으로부터 올라오는 짐승
하나님의 속성인 "이제도 계시고 전에도 계시고 장차 오실"(계 1:4) 말씀과 대조를 이룬다. 하나님은 영원히 불변하시지만 사단의 역사는 중단한다. 이 짐승은 종말적 마지막 적그리스도이다. 장차 나타나

최후의 발악을 다한 후 멸망으로 들어갈 짐승이다. 이 짐승이 재현할 때 땅에 거하는 모든 불신자들, 즉 어린양의 생명책에 녹명되지 못한 자들은 기이히 여기며 그를 경배하고 따를 것이다.

(3) 다섯은 망하였고 하나는 있고 다른 이는 이르면 반드시 잠깐 동안 계속하리라.

다섯은 애굽, 앗수르, 바벨론, 메대 바사, 헬라이고 지금(요한의 때) 있는 것은 로마요, 아직 이르지 아니한 것은 재생 로마이다. 여덟째 왕은 짐승의 본체(적그리스도 나라의 최후적 발악)의 출현이므로 요한계시록 13장 1-10절의 묘사와 같다. 이것은 칼에 상하였다가 나은 자라고 했으니(계 13:3) 곧 패전하여 망했다가 재흥하는 국가다.

(4) 열 뿔은 열 왕이니 임금처럼 권세를 받으리라(계 17:12).

열 뿔, 열나라, 열 왕은 적그리스도를 맹주로 삼는다. 열왕은 집합적 세력으로서 사탄으로 말미암아 왕권을 얻고 사탄적 역사에 종사할 것을 가리킨다.

(5) 어린양으로 더불어 싸우는 짐승

여섯째 대접의 환란인 아마겟돈 전쟁을 언급하는 것이다(계 16:14-16, 19:11-21). 후 3년 반 동안의 적그리스도의 통치는 아마겟돈 전쟁에서 절정에 이르게 될 것이다. 아마겟돈전쟁에 의해 세상의 역사는 완결 될 것이다.

(6) 부르심을 입고 빼내심을 얻고 진실한 자들은 이기리로다

부르심을 입고 빼내심을 얻고 진실한 자(롬 1:6, 엡 1:1)는 성도를 가리킨다. 성도들은 아마겟돈 전쟁에서 승리의 영광에 참예하게 된다. 만유의 주시요 만왕의 왕이신(신 10:17, 단 2:47, 딤전 6:15) 예수님이 이기시기 때문이다.

아마겟돈 전쟁에서 성도들이 직접 싸우지는 않지만 단순히 택함 받

고, 부름 받아, 진실하게 주님을 믿는 믿음의 삼대 은덕에 의하여 승리의 영광에 참예하는 것이다. 여기의 부르심과 택하심과 믿게 됨은 모두 다 하나님이 주시는 은혜로 되고 자력으로는 될 수 없다.

2. 여덟째 왕 적그리스도

요한계시록 17장의 열 뿔 가진 짐승의 비밀은 다니엘서 7장의 넷째 짐승의 진상과 동일한 내용임을 알 수 있다. 일곱 머리는 일곱 산이요 곧 일곱 제국으로 본다. 이 계시를 받을 당시 망한 다섯 머리는 ① 애굽, ② 앗수르, ③ 바벨론, ④ 메대 바사, ⑤ 헬라이고 현재 있는 제국은 ⑥ 로마이며 ⑦ 아직 이르지 아니 하였으나 반드시 잠깐 동안 계속될 일곱째 제국은 열 뿔(열나라, 열 왕)로 이루어지는 재생 로마이다. ⑧여기에서 여덟째 왕(작은뿔, 적그리스도)이 나타나는 것이다 (계 17:7-17). 그러나 마지막 여덟째 왕이 그리스도에 의해 멸망하고 만다. 그러므로 이 여덟번째는 최종적이며 역사의 종말에 나타날 극히 무서운 적그리스도의 통치를 말하는 것이다.

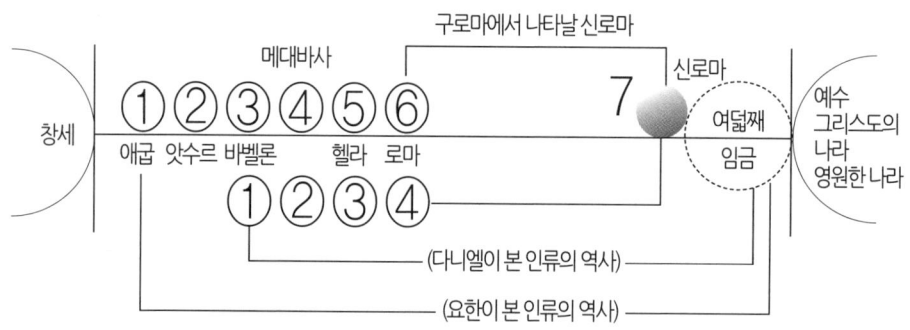

〈일곱 머리와 여덟째 왕 적그리스도〉

- 다섯은 망하였고
- 하나는 있고 : 로마
- 하나는 이르지 아니했으나 장차 임할 나라 : 열개의 나라가 뭉쳐서 한 나라가 됨, 여기에서 여덟째 왕이 나옴.

67
큰 성 바벨론의 멸망(계 18:1-5)

계시록 17장의 음녀는 바벨론의 영적, 도덕적, 정신적 타락으로 내부적인 멸망을 가리키고, 18장에서는 정치적인 바벨론의 외부적인 멸망을 나타내고 있다. 그래서 본 장은 큰 성 바벨론의 정치, 경제, 사회, 문화 전반에 걸친 심판과 멸망을 다루고 있다.

1. 큰 성 바벨론의 멸망 원인

천사가 하늘에서 내려 올 때에 큰 권세를 가졌는데 그의 영광으로 땅이 환하여졌다. 이 천사는 하나님의 대리로 땅에 왔으므로, 그가 입은 하나님의 영광이 빛나게 되어 땅이 환하게 된 것이다.

그 천사가 '무너졌도다 무너졌도다 큰 성 바벨론이여' 라고 외친 것처럼 바벨론은 무너졌다. 바벨론이 무너지는 이유가 있다.

(1) 각종 귀신의 영들이 모이는 곳이기 때문

"힘찬 음성으로 외쳐 이르되 무너졌도다 무너졌도다 큰 성 바벨론이여 귀신의 처소와 각종 더러운 영이 모이는 곳과 각종 더럽고 가증한 새들이 모이는 곳이 되었도다"(계 18:2) 라고 기록되었듯이, 각종 귀신의 영들과 각종 더러운 영들이 모이는 곳은 우상으로 가득찬 지옥으로 변한 것이다. 그러므로 바벨론은 완전히 무너진다.

(2) 땅의 왕들이 그로 더불어 음행하였기 때문

그 음행의 진노의 포도주로 인하여 땅의 왕들이 그로 더불어 음행을 하였다고 했는데, 땅의 임금들이 세상의 쾌락에 빠져 우상을 섬기는 일에 동참했기 때문이다.

(3) 땅의 상고들이 치부하였기 때문

땅의 상고들도 사치의 세력으로 치부하였는데, 이는 장사꾼들이 하나님보다 많은 재물을 더 믿는 교만과 쾌락과 사치와 방탕에 떨어졌기 때문이다.

(4) 음행의 진노의 포도주 때문이다.

음행의 진노의 포도주가 있다. 이는 우상숭배의 포도주가 바로 하나님의 심판의 포도주라는 의미이다. 그러므로 음녀가 마시는 음행의 술을 마시는 자는 하나님의 심판을 마시는 자이다.

2. 하나님의 백성들은 거기서 나오라

(1) 그 죄에 참예하지 말고 나오라

"또 내가 들으니 하늘로부터 다른 음성이 나서 이르되 내 백성아, 거기서 나와 그의 죄에 참여하지 말고 그가 받을 재앙들을 받지 말라 그의 죄는 하늘에 사무쳤으며 하나님은 그의 불의한 일을 기억하신지라"(계 18:4-5)

하나님께서는 '내 백성아' 라고 하셨다. 이는 하나님께서 부르시고 선택하시는 그 백성을 가리키며 유일하고 영원한 백성을 말한다. 죄에 참여하지 말라고 했는데 하나님에게서 떠나고 떨어지는 근본적인 죄에 참여하지 말라는 것이다. 또한 그 죄에 함께 머물면서 죄를 짓지 말라는 의미이다.

(2) 그 받을 재앙을 받지 말고 나오라

'내 백성아 거기서 나와 그의 죄에 참여하지 말고 그의 받을 재앙들을 받지 말라' 고 하였다. 이는 음녀가 하나님께서 내리신 재앙에 붙들려 있는 상태 즉 반드시 받을 그 재앙에서 나오라는 뜻이다.

(3) 죄가 하늘에 사무쳤으니 나오라

죄가 하늘에 사무쳐서 하나님에게 기억하신바가 되면 하나님의 심판을 가져오기 때문이다. 예레미아 51장 9절에 보면 '우리가 바벨론을 치료하려 하여도 낫지 아니한 즉 버리고 각기 고토로 돌아가자 그 화가 하늘에 미쳤고 궁창에 달하였음으로다' 라고 했으며, 요나 1장 2절에 '그 악독이 내게 상달하였음이라' 고 했다. 이와같이 인간의 죄가 하나님께 상달되면 반드시 하나님의 심판이 임할 것을 알아야 한다.

3. 하나님의 백성들을 불러내시는 하나님

하나님께서는 그 택한 백성을 악인들과 함께 멸하시지 않는다.

택한 백성도 악한 무리와 함께 환난에 동참하는 일은 있다. 그것은 악인만을 목표한 것이 아닌 일반적 환난이기 때문이다. 일반적 환난에는 성도도 참가하므로 연단도 받으며 복음이 전파되는 일이 있다. 그러나 여기 바벨론이 받는 '화'에서는 택한 백성들은 제외되기 때문에 그들은 거기서 불러내어져 구원받는다. 이는 바벨론이 '그 죄가 하늘에 사무쳤으며' 죄가 너무 많으므로 그 분량이 하늘에까지 닿았기 때문에 하나님의 진노의 심판이 악인들에게만 목표가 되기 때문이다. 하나님께서 홍수로써 땅을 멸하실 때에는 죄가 땅에 가득하였던 정도이지만(창 6:11), 이때에는 죄가 하늘에까지 닿는다.

'무너졌도다 무너졌도다 큰 성 바벨론이여!'

68
화 있도다 바벨론이여(계 18:6-24)

성경에 바벨론이 260회 이상 나오는데 모두 하나님께 대적한 적그리스도의 센터로 사용되었다. '바벨론'의 뜻은 '혼잡'으로 무질서를 뜻한다.
바벨론이 지옥같이 황폐하며 철저히 멸망하는 이유는 ① 음행(하나님을 배반하는 행위), ② 사치(재물을 과도히 저축하고 또 과소비), ③ 성도를 죽인 죄(계 18:24) 때문이다.

1. 하나님께서 바벨론을 심판하시는 원칙

(1) 행위대로 심판
"그가 준 그대로 그에게 주고 그의 행위대로 갑절을 갚아주고 그의 섞은 잔에도 갑절이나 섞어 그에게 주라"고 하셨으니 무조건 필연적으로 심판하여 갚아줄 것을 나타내셨다. "갑절이나 섞어 주라"는 말씀은 다양한 우상숭배의 죄를 그 분량의 배로 심판하시려는 하나님의 진노를 의미하는 것이다(계 18:6-8).
(2) 고난과 애통으로 심판
"그 만큼 고난과 애통으로 갚아 주라"고 하셨는데, 이는 자신만을 위해 처음부터 끝까지 사치하고 방탕하고 음란한 생활의 심판이다.
(3) 갑자기 사망과 애통과 흉년으로 심판하신다.
'하루 동안에 그 재앙들이 이르리니' 갑자기 임한다. "죽음", "애통", "흉년" 때문에 다가오는 재앙인데 종말에 다가올 하나님의 심판은 인간의 갑작스런 죽음과 마음의 애통과 물질의 흉년에 이른다.

2. 바벨론의 멸망을 슬퍼하는 자

바벨론은 완전히 멸망한다(계 18:9-19). 천사는 '큰 맷돌 같은 돌을 들어 바다에 던져 가로되 큰 성 바벨론이 이같이 몹시 떨어져 결코 다시 보이지 아니하리로다' 라고 선포했다.

(1) 땅의 왕들

① 위하여 울며 가슴을 침

그 불붙는 연기를 보고 위하여 울며 가슴을 친다. 왕족들이 세상의 모든 것이 불타는 연기를 보고 아쉽고 아까운 미련 때문에 가슴을 치며 통곡하는 것을 의미한다.

② 고난을 무서워하며 화 있다고 함

그 고난을 무서워하며 멀리 서서 '화 있도다 큰 성, 견고한 성 바벨론이여 한 시간에 네 심판이 이르렀다 하리로다' 라고 하였다. 불붙는 연기를 보고 울면서 습관적으로 "화 있도다"라고 되풀이한다.

③ 한 시간에 심판이 이르렀다고 함

세상은 하나님의 심판을 결코 피할 수 없다. 땅의 왕들은 하나님의 심판이 어디 있느냐고 습관적으로 비웃던 자들인데, 이제는 스스로 가슴을 치며 통곡하면서 하나님의 심판이 순식간에 이르렀다고 계속하여 전문적으로 외치며 증거하고 있다.

(2) 땅의 상인들

땅의 상인들은 바벨론성이 멸망함으로 말미암아, 그들의 사치스런 상품을 사는 자가 없기 때문에 울고 애통하는 것이다.

① 각종 보석이다. "금의 상품, 은의 상품, 보석의 상품, 진주의 상품"이라는 말이며 이는 최고급의 전문화된 상품을 가리킨다.

② 각종 옷감이다. 이것은 금과 은과 보석과 진주와 세마포와 자색 옷감과 비단과 붉은 옷감인데, 고급스런 아름다운 옷들이다.

③ 각종 가구다. 각종 향목과 각종 상아 기명이요 값진 나무와 구리와 철과 대리석으로 만든 그릇이요 전문적인 가구를 가리킨다.
④ 각종 향유다. 계피와 향료와 향과 향유와 유향과 포도주와 감람유와 고운 밀가루와 소와 양과 수레와 종들과 사람들의 영혼들이라 이러한 것들은 오늘날 고급 화장품이요 필수품들이다.
⑤ 각종 술이다. 실로 오늘의 세계는 술에 취해있다.
⑥ 각종 양식이다. 감람유, 고운 밀가루, 밀, 소, 양과 같은 것들은 현대인에게서 뺄 수 없는 필요한 고급식료품 들이다.
⑦ 말과 수레이다. 말은 현대에서 값비싼 상품이 되어 있으며 수레는 오늘날의 수백 가지의 엄청난 자동차의 상품들을 의미한다.
⑧ 사람의 육체와 영혼이다. 사람의 몸을 돈으로 사고팔며 인간의 귀중한 영혼까지 사고파는 것이 전문적인 것이 될 것이다.

3. 성도들에게 미치는 영향

하나님의 때가 되어 큰 성 바벨론을 심판으로 갚으셨다(계 18:20). 성도들과 사도들과 선지자들이 이 땅에서 그들에게 얼마나 핍박과 조롱과 천대와 멸시를 받았는가?
그러므로 바벨론이 불타고 왕족들인 상고들이 그 상품이 불타는 것과 그들이 받을 고난의 두려움 때문에 울고 애통할 때에 하늘에서는 성도들과 사도들과 선지자들의 즐거운 잔치가 베풀어 질 것이다.

69
할렐루야(계 19:1-10)

"할렐루야"는 "여호와를 찬양하라"는 뜻이다. 여기의 할렐루야는 신약성경에서 처음이요 마지막의 표현이기도 하다(계 19:1-6). 하나님의 구원과 영광과 능력과 심판과 어린양의 혼인잔치로 말미암아 할렐루야로 하나님께 영광을 돌린다. 대환난이 지나가고 주님의 재림과 천년왕국이 시작되기 전에 찬양하였으니 바벨론의 멸망에 대한 찬양이요 천년왕국에 대한 찬양이라고 볼 수 있다.

1. 천사들의 할렐루야

천사들의 찬송으로서 바벨론의 멸망에 대한 감사이다. 하늘의 허다한 무리는 만만 천천의 천군천사로 보인다(계 5:11). 대환난이 시작될 무렵 찬송을 부른 그들이 이제 대환난이 종식되어 다시 찬송을 부르는 것이다. 찬송의 가사는 구원과 영광과 능력이 우리 하나님께 있음을 찬송하였고, 바벨론의 멸망에 대해서 찬송하고 있다. 하나님의 심판은 참되고 의로우시기 때문에 찬송을 받으셔야 한다(계 7:10, 12, 12:10, 15:3, 16:7).

2. 24장로와 네 생물의 할렐루야

24장로와 네 생물의 경배의 찬양이다. 이들의 임무는 언제나 하나님께 경배하고 찬양하는 것이었다. 앞에서 천사들이 찬양하는 그 찬양에 호응하는 찬양을 하였으니 "아멘, 할렐루야" 찬양이었다.

보좌에서 음성이 나기를 "하나님의 종들 곧 그를 경외하는 너희들아 작은 자나 큰 자나 다 우리 하나님께 찬송하라" 하였는데 하나님의 종이란 하나님을 경외하는 모든 성도들을 가리킨다(계 11:18). 그래서 모든 성도들은 할렐루야를 외쳐야한다.

3. 우주적 할렐루야

마지막 찬송은 하늘에 있는 성도들의 찬양이었다. 그 내용은 사단의 지배가 끝나고 하나님의 통치가 시작되었기 때문이었다. 그 찬송소리는 " 허다한 무리의 음성과도 같고 많은 물 소리와도 같고 큰 우뢰소리와도 같은 소리로 이르되 할렐루야 주 우리 하나님 곧 전능하신 이가 통치하시도다" 하였는데 십사만 사천의 소리와 같다(계 14:2).

(1) 하나님께서 통치하시기 때문

"할렐루야 주 우리 하나님 곧 전능하신 이가 통치하시도다"라고 했다. 성도들이 이렇게 찬양할 이유는, 하나님께서 친히 왕이 되셔서 통치하여 주시기 때문이다. 세상에서의 짐승인 적그리스도 때문에 핍박받고 환난을 당하며 생명의 고통을 받았는데 이제는 하나님의 공의로운 심판이 끝났고 하나님의 통치를 받게 되었으니 할렐루야로 찬양하게 되었다. 하나님의 통치는 전능하신 통치이시다.

(2) 어린양의 혼인기약이 이르렀기 때문

"우리가 즐거워하고 크게 기뻐하며 그에게 영광을 돌리세 어린 양의 혼인기약이 이르렀고 그의 아내가 자신을 준비하였으므로" 라고 했다. 성경은 예수님과 성도를 혼인관계로 비유한다. 구약에서는 하나님을 남편으로 이스라엘을 그의 아내로 비유하였고, 신약에서는 예수님을 신랑으로 성도를 그의 신부로 비유했다(마 25:1-13, 엡 5:22-27). 어린양의 혼인기약이 가까웠으니 성도는 찬양한다. 폭발적인 기쁨이요 참을 수 없는 대 환희의 날이기 때문이다. 그래서 할렐루야는 큰 뇌성과도 같고 많은 물소리와도 같았다.

(3) 세마포 옷을 입게 되었기 때문

"그에게 빛나고 깨끗한 세마포 옷을 입도록 허락하셨으니 이 세마포 옷은 성도들의 옳은 행실이로다"라고 하였다. 이 세마포는 성도들의 의복이었다(계 15:6, 7:9). 빛나고 깨끗한 옷이요, 주께서 친히 주신 옷이다. 이는 성도들의 옳은 행실이라고 했다. 그래서 성도는 예수님의 의를 옷 입고 사는 자들이다.

(4) 어린양의 혼인잔치에 청함을 받았기 때문

"천사가 내게 말하기를 기록하라 어린 양의 혼인 잔치에 청함을 받은 자들은 복이 있도다 하고 또 내게 말하되 이것은 하나님의 참되신 말씀이라" 하였다. 십사만 사천의 할렐루야는 청함을 받았기 때문에 기뻐하는 찬양이었다. 청함을 받은 것은 무슨 의미인가?

① 하나님께서 예정하신 것이다.

② 무조건 선택하여 주신 것이다.

③ 제한된 구속이다.

④ 불가항력적 은혜이다.

⑤ 궁극적 구원이다.

이렇게 위대한 뜻을 가지고 있기 때문에 기록하라고 하셨다.

저들의 할렐루야는 복 있는 자들의 찬송이었다. 전능하신 하나님이 자기들의 왕으로 통치하시기 때문이다. 어린양과의 잔치이기 때문이다. 어린양과의 결혼이고, 그와 함께 세세토록 거할 수 있는, 남의 잔치가 아니라 바로 내 자신의 잔치이기 때문이다. 내일에 있을 우리들의 할렐루야의 주제요, 내용이며 그 이유이다. 할렐루야!

70
예수 그리스도의 재림(계 19:11-16)

"백마"는 승리의 상징이다. 예수 그리스도의 종말적 재림은 수난을 위한 초림과 달라서, 심판의 위엄을 보인다.

1. 백마 타신 자의 이름

(1) 충신이다.

"또 내가 하늘이 열린 것을 보니 보라 백마와 그것을 탄 자가 있으니 그 이름은 충신과 진실이라 그가 공의로 심판하며 싸우더라"에서 '충신'이란 믿을 수 있는, '신실한, 믿음이 있는, 충실한' 것을 의미한다.

그리스도께서 충신이신 것은 하나님의 모든 약속을 지키시고 이루시는 믿을만한 분이라는 뜻이다. 그래서 계시록 3:14에서 '아멘이시요 충성되고 참된 증인이시라' 고 했다.

(2) 진실이시다. 즉, '진실'은 충신과 같은 의미로서 하나님의 모든 약속을 그대로 이행하시며 지키시고 완성한다는 뜻이 된다.

(3) 하나님의 말씀이시다.

"또 그가 피 뿌린 옷을 입었는데 그 이름은 하나님의 말씀이라 칭하더라"고 했다. 원수들을 쳐서 멸하는 무기로서의 말씀을 말한다(히 4:12, 계 1:16, 계 19:15).

(4) 만왕의 왕이시며 만주의 주이시다.

"그 옷과 그 다리에 이름을 쓴 것이 있으니 만왕의 왕이요 만주의 주라 하였더라"하신 것 같이 재림의 주님은 모든 왕들을 다스리시고 심판하시는 주님이시다(계 17:14, 6:15).

2. 백마 타신 자의 모습

(1) 그의 눈이 불꽃 같다.

"그 눈은 불꽃 같고 그 머리에는 많은 관들이 있고 또 이름 쓴 것 하나가 있으니 자기밖에 아는 자가 없고"라고 했다. 그 앞에 누구도 무엇이든 숨길 수 없는 전지성을 가르킨다(벧후 3:10).

(2) 머리에는 많은 면류관이 있다.

많은 면류관은 많은 왕관들을 의미하는데 이는 만왕의 왕이시며 만주의 주로서 모든 왕들을 쳐서 멸하고 영광을 받으셔야 할 주님의 모습을 말하는 것이다. 그래서 주님은 만왕의 왕이시므로 모든 왕들로부터 찬양과 영광을 받으심이 합당하다. 그러나 세상의 군왕들은 그리스도를 대적하니 통곡과 저주만 있을 뿐이다(시 2:1-4).

(3) 피 뿌린 옷을 입으셨다.

"또 그가 피 뿌린 옷을 입었는데 그 이름은 하나님의 말씀이라 칭하더라"고 하였다. 초림의 주님은 십자가의 죽으심으로 인간의 죄를 속량하셨으나, 재림의 주님은 원수들을 쳐서 멸하시는 심판의 주님으로 오시는 것이다.

3. 백마 타신 자의 싸움

(1) 공의로 심판하시며 싸우신다.

"그가 공의로 심판하며 싸우더라"라고 하였다. 믿는 자에게는 십자가의 의를 통하여 하나님의 심판에 이르지 아니하고 결코 정죄함이 없다. 그러나 그리스도를 믿지 아니하는 자는 하나님의 심판의 공의로 형벌이 따르는 것이다(요 3:18). 그리스도의 공의는 그 자체가 심판이기 때문에 재림하시면서 원수들과 싸우시는 것이다.

(2) 이한 검으로 싸우신다.

"그의 입에서 예리한 검이 나오니 그것으로 만국을 치겠고 친히 그들을 철장으로 다스리며 또 친히 하나님 곧 전능하신 이의 맹렬한 진노의 포도주 틀을 밟겠고"에서 그의 입에서 이한 검이 나오는데 날센 큰 칼이고 예리한 큰 칼이다. 주님의 말씀은 믿는 자에게는 구원과 보호와 능력이 되지만 믿지 않는 자에게는 베는 검과 사르는 불과 찌르는 창이 된다(벧후 3:7).

(3) 철장으로 싸우실 것이다.

철장은 쇠막대기를 의미한다. 쇠막대기로 다스리신다는 것은 심판을 말한다. 쇠막대기는 주님의 무자비한 심판을 상징한다(시 2:9).

(4) 맹렬한 진노로 싸우신다.

친히 하나님 곧 전능하신 이의 맹렬한 진노의 포도주 틀을 밟고 싸우신다. 맹렬한 진노는 전능하신 하나님의 진노이므로 이것은 전무후무한 하나님의 최고의 무서운 심판인 것이다. 밟는다는 말씀은 그리스도께서 심판의 포도주틀을 영원토록 계속 밟으신다는 의미로 어마어마한 심판의 무서움과 두려움을 표시하는 말씀이다(시 76:7).

이 땅위에는 머지않아 한 이레 동안의 정해진 기간이 시작 될 것이다. 그리고 급격히 무서운 종말적인 대환난 속에 빠져 들어갈 것이다. 그 환난의 종반에 아마겟돈 전쟁이 일어나면 예수 그리스도께서 백마를 타고 하늘의 군대와 함께 재림하실 것이다. 오늘은 험난한 세상이지만 소망 가운데 새 하늘과 새 땅을 보라!

71
예수님 재림의 광경(계 1:7)

계시록 19장 11-16절의 말씀에서, 하늘의 백마를 탄자는 만왕의 왕이시요 만주의 주이신 우리 주 예수 그리스도께서 재림하실 것을 말씀하고 있다. 그리고 성경은 주님의 오시는 광경에 대해서 상세하게 기록되었다(계 1:7).

1. 예수님 재림의 광경

(1) 영광의 구름을 타고 오신다.

그것은 '구름을 타고 오시리라' 는 말씀이 밝혀 준다. 사도행전 1장 9-11절을 보면 주님이 구름을 타고 승천하셨는데 흰옷 입은 두 천사는 예수님을 바라보는 갈릴리 사람들에게 너희가 본 그대로 구름을 타고 오시리라고 하였다. 주님 재림하실 때 하늘 구름은 그의 마차가 될 것이고(마 24:30), 천사들은 그를 모실 것이고(살후 1:7), 천사장의 호령과 나팔로 위엄 있게 오실 것이며(살전 4:16), 성도들은 구름 속으로 끌어올려 공중에서 주를 영접할 것이다(살전 4:17).

(2) 전 인류가 보도록 오신다.

주님의 재림은 어느 지방에 국한되었거나 몇몇 사람에게만 볼 수 있게 오시는 것이 아니다. '각인의 눈이 그를 보겠고 그를 찌른 자들도 볼 터이요 모든 족속이 그를 인하여 애곡하리니 그러하리라' 하셨다. "찌른 자들"이란 교회를 핍박하는 자와(행 9:5) 주님을 배신한 모든 불신자들을 의미한다(히 6:6). 주님은 "하늘로 가심을 본 그대로"(행

1:9) 지구상 모든 사람이 볼 수 있도록 오시는 것이다.

그러면 전 세계 인류가 어찌 육안으로 일시에 볼 수 있는가. 그것은 주님의 오심이 번개처럼 동편에서 번쩍하여 서편까지 미친다고 하였다(마 24:27). 번개(빛)의 속도는 1초 동안에 지구를 일곱 바퀴 반을 돈다고 한다(1초당 299,792 km). 그러므로 "그리스도가 여기 있다 혹 저기 있다 하여도 믿지 말라"고 하였다(마 24:23).

 (3) 홀연히 오신다.

'모든 족속이 애곡' 한다고 말씀하셨다. 주님의 재림은 도적같이 오신다고도 하셨다(마 24:43, 벧후 3:10, 계 3:3, 16:15, 살전 5:2). 도적은 생각지도 않은 때에 갑자기 오는 것을 말한다. 이처럼 주님은 홀연히 오신다. 특히 '볼지어다' 란 말은 주님의 재림이 너무나도 큰 사건이므로 주의를 환기시켜 주시는 말씀인 것이다.

2. 예수님 재림의 시기

 (1) 주님 재림의 날은 알 수 없다.

예수님께서는 그 날과 그 때는 아무도 모르고 오직 하나님 아버지만 아신다고 말씀하셨다. 바울도 "형제들아 때와 시기에 관하여는 너희에게 쓸 것이 없음은 주의 날이 밤에 도적 같이 이를 줄을 너희 자신이 자세히 앎이라"(살전 5:1)고 하였다.

예수 그리스도의 재림의 날은 비밀이며 예상치 못한 밤중과 같은 때에 임하는 것이며, 그 날과 그 때는 알 수 없도록 금지되어 있다. 예수 그리스도의 재림의 날은 여호와 하나님의 계획 속에 숨겨져 있으며 그 분만이 친히 행하실 사건이다. 오로지 주님께서 재림의 징조만 알려 주셨다.

 (2) 큰 환난 후에 오신다.

예수님께서는 재림하실 날을 아무에게도 알려주지 않으셨다. 종말의 날을 알려주시지 않으셨다. 다만 예수님의 재림은 '큰 환난 후'에 있을 것을 친히 말씀 하셨다.

"그 날 환난 후에 즉시 해가 어두워지며 달이 빛을 내지 아니하며 별들이 하늘에서 떨어지며 하늘의 권능들이 흔들리리라 그 때에 인자의 징조가 하늘에서 보이겠고 그 때에 땅의 모든 족속들이 통곡하며 그들이 인자가 구름을 타고 능력과 큰 영광으로 오는 것을 보리라"(마 24:29-30)고 하셨다.

주님은 마태복음 24장 21절에서 '큰 환난', 29-31절에서는 '환난 후'에 택하신 자들을 모으신다고 하셨다. 이런 점에서 볼 때 예수님께서 말씀하신 것은 바로 환난 후에 재림하시며 성도들을 부르신다는 것이다.

 (3) 예수님의 재림을 준비해야 한다.

우리의 관심사는 예수 그리스도께서 언제 재림하실 것인가? 그 때와 시기에 관심을 가지고 시간을 낭비하는 것이 아니라 예수 그리스도의 재림 그 자체를 기다리며 그 날에 부족함이 없고 부끄러움이 없는 성도가 되기 위하여 오늘의 신앙생활에 충실해야 하는 것이다. 바울도 분명히 강조한 것은 그 날과 그 시를 강조한 것이 아니라 그리스도 예수님의 강림하실 때에 온전한 신앙으로 주를 맞이할 수 있는 성도가 되기를 권면하고 있다(살전 5:23-24).

주께서 호령과 천사장의 소리와 하나님의 나팔 소리로 친히 하늘로부터 강림하실 것이다. 항상 재림의 주님을 맞이할 수 있는 영적 준비 자세와 하나님의 나라에 신앙적 초점을 맞추고 살아야 한다.

72
하나님의 큰 잔치(계 19:17-21)

하나님의 큰 잔치는 어린 양의 혼인 잔치와 동시적으로 일어나는 사건이지만 하나님을 대적하는 모든 자들을 멸망시키는 잔치임을 말한다. 그리고 동서전쟁은 아마겟돈 전쟁으로 비화될 것이다.

1. 동서 전쟁

동서 전쟁은 적그리스도의 이레의 절반 이후에 일어나게 될 것으로 보여진다. 왜냐하면 이 전쟁으로 말미암아 아마겟돈 전쟁이 촉발될 것이기 때문이다(계16:12-16, 계19:17-18).

동서전쟁은 유프라데스 강을 중심으로 동방 왕들 아시아권의 여러 나라와 서방 왕 유럽제국들이 격돌하는 전쟁이다. 남북전쟁으로 온갖 자연 만물과 생태계의 1/3이 파손되었다면, 사람 1/3이 죽는 전쟁이 동서 전쟁이다. 이 전쟁에 참전한 군대의 수는 이만만(2억)이라는 천문학적인 숫자다. 이 전쟁을 위해 유프라테스 강물이 말라서 동방 왕들이 접전을 위해 강줄기를 건너게 되는데 결국은 이 전쟁으로 말미암아 아마겟돈 전쟁을 위한 열국의 왕들이 소집된다.

2. 아마겟돈 전쟁

아마겟돈(Armageddon)은 '하므 므깃도'에서 온 말로서 '므깃도의 산'이라는 뜻이다. 이스라엘에서 가장 비옥한 이스르엘(Jezreel) 평야 지대에 위치하고 있으며, 역대의 전략적 요충지였다(삿 5:19-21, 왕하 9:27, 왕하 23:29-30). 지금도 므깃도 입구에는 "인류 최후의 전쟁이 이곳에서 일어날 것을 성경이 예언하고 있다"는 내용의 안내판이 세워져 있는데, 이곳에서 인류 최후의 전쟁이 벌어질 것이 예언되어 있다(슥 14:1-21, 욜 3:1-21, 계 19:19-21).

(1) 전쟁의 동기(계 16:13-16)

동서 전쟁의 마지막은 아마겟돈 전쟁으로 이어진다.

동방 왕과 서방 왕의 싸움인 동서전쟁 이후에는 적그리스도가 천하 열국의 모든 군대를 동원하여 하나님의 도성인 예루살렘을 공격하기 위해 쳐들어가는데 이것이 아마겟돈 전쟁이다. 마침내 재림하시는 예수 그리스도가 개입하시는 전쟁이며 인류 최후의 전쟁이다.

(2) 전황

① 지상 전쟁 : 하나님의 군대와 적그리스도의 군대가 싸운다.

② 영적 전쟁 : 강림하시는 예수 그리스도께서 사단의 세력을 완전히 무너뜨리시고, 적그리스도와 그 추종자들을 멸망시키신다.

(3) 결과

① 짐승과 거짓 선지자가 잡힌다.

용의 조종을 받던 짐승인 적그리스도가 잡히고, 거짓 예언을 하며 이적으로 미혹하던 거짓선지자가 잡혀 영원한 포로가 된다.

② 산채로 유황불 붙는 못에 던진다.

"이 둘이 산 채로 유황불 붙는 못에 던져지고"라 했으니 짐승과 거짓 선지자가 영원히 살아있는 상태로 유황불 붙는 못에 던져지는 것이다. 영원토록 불이 붙어 오르는 그 불 못에 깊이 던져진다.

③ 나머지는 입으로 나오는 칼에 죽는다.

"그 나머지는 말 탄 자의 입으로부터 나오는 검에 죽으매 모든 새가 그들의 살로 배불리더라"고 했다. 입으로부터 나오는 검은 재림하시는 예수 그리스도의 입으로부터 나오는 날카로운 말씀의 검을 의미한다. 이와 같이 땅에서 육체를 목적으로 사는 자는 그 육체가 죽어 들짐승 새의 밥이 되어버린다.

적그리스도는 하나님의 백성인 이스라엘과 싸우고자 하나님의 뜻을 대적하기 위해 아마겟돈으로 열국의 군대를 모은다. 그러나 하나님의 섭리가운데 일어나는 전쟁이며 하나님은 마침내 악의 무리들을 멸절하고 참 하나님의 나라를 이루신다.

〈아마겟돈 전쟁과 예수 그리스도의 재림에 대한 성경 예언〉

사건	성경예언
전쟁을 일으키기 위한 열국의 집결 장소	계 16:16
열국의 공격 목표	슥 14:2
아마겟돈 전쟁의 주도자와 전쟁동기 목적	욜 3:9-16
적그리스도의 예루살렘공격과 예수님 재림	슥 14:1-8
대 환난과 예수님의 재림	마 24:15-31
예수님의 재림과 아마겟돈 전쟁 결과	계 19:17-21
예수님의 재림과 적그리스도의 최후	살후 2:8

아마겟돈 전쟁으로 모든 인류의 전쟁과 역사는 종식된다. 창세 이후 모든 피조물의 간절한 숙원이던 새 하늘과 새 땅은 이 전쟁의 종식과 예수 그리스도의 재림으로 말미암아 이루어지게 되며 이로써 성경의 예언이 다 이루어진다.

73
천년왕국과 흰 보좌심판(계 20:1-15)

사탄이 천년 동안 무저갱에 결박하여 갇히게 되는 일과, 성도들이 받게 되는 천년왕국, 악인들이 받는 흰 보좌 심판을 계시하고 있다.

1. 무저갱에 던져지는 사탄

(1) 사탄을 결박하여 무저갱에 가두어 둔다(계 20:1-3).
무저갱은 귀신의 감옥이다(눅 8:26-31, 마 8:28-29, 계 9:1, 11:7).

(2) 결박의 기간은 일천년이다.
일천년이란 단순한 상징이 아니라 실제적인 기간이다. "결박"한다는 것은 하나님께서 사탄의 행동을 제한하신다는 뜻이며, 그 목적은 "만국을 미혹하지 못하게" 하심이다.

(3) 천년 후에는 옥에서 잠시 놓이게 된다.
하나님의 뜻을 이루기 위하여 잠시 동안 놓이는 것이지만 후에는 불과 유황 못에 던지게 된다.

2. 천년왕국

(1) "천년왕국"에 들어갈 자들이 있다(계 20:4-6).
순교자들과 짐승과 그의 우상에게 경배하지 않은 자들, 짐승의 표를 받지 아니한 자(계 14:12)들이 들어간다.

(2) 살아서 그리스도와 더불어 천년동안 왕노릇 한다.

지금까지는 마귀의 미혹과 간교로 인하여 믿음을 지키려고 처절한 영적 전쟁을 하였으나 이 모든 것을 이기는 자에게는 천년동안 왕노릇하는 은혜를 주셨다. 예수님의 재림 후에 성도들이 천년동안 땅에서 왕노릇 한다는 사상은, 계시록 5장 10절에도 있다.

"저희로 우리 하나님 앞에서 나라와 제사장을 삼으셨으니 저희가 땅에서 왕노릇 하리로다"(계 5:10)

신자들이 천년동안 왕노릇하는 것을 신약의 교회시대의 일로 생각하지 않는다. 신약시대의 신자들의 생활상태를 천년왕국으로 동일시 할 수 없는 것은, 계시록 20장 4-6절의 "천년왕국"에 대한 말씀이 예수님 재림 이후의 일을 가리킨다고 보기 때문이다. 예수님 재림 이후 땅에서 천년동안 왕노릇 한다는 학자로는 박윤선, 이상근 등이다.

(3) 악인의 상태

그 나머지 죽은 자들은 그 천 년이 차기까지 살지 못하더라. 여기 이른바 "그 나머지 죽은 자들"이라 함은, 그리스도를 믿지 않은 자들로서 필경 멸망에 빠질 자들이다.

(4) 첫째부활의 축복

① 부활에는 의인의 부활(영생의 부활)과 악인의 부활(심판의 부활)이 있다(요 5:25-29).

② 첫째 부활에 참예하는 자는 순교자(계 6:9-10), 신앙을 지키고 승리한 성도들이다(계 14:12, 15:2).

③ 첫째 부활에 참예하는 자는 둘째 사망이 그들을 다스리는 권세가 없으며 그리스도와 더불어 천년 동안 왕노릇 할 것이다.

3. 곡과 마곡의 전쟁

천년이 차면 사단이 옥에서 나와 곡과 마곡을 모아 싸움을 붙이는데 그 수가 바다 모래와 같다.
 (1) 시기 : 천년이 차매 사단이 그 옥에서 놓인 때
 (2) 전쟁에 참가할 백성 : 곡과 마곡
 (3) 전쟁의 대상 : 성도의 진과 사랑하시는 성
 (4) 하나님의 일 : 하늘에서 불이 내려와 저희를 소멸하심.
 (5) 결과 : 마귀가 불과 유황 못에 던져짐.

4. 흰보좌 심판

(1) 하늘의 흰 보좌(단 7:9-10)
  ① 책들에는 심판을 받을 자들이 기록되어 있다.
  ② 다른 책들은 생명책을 말한다(계 13:8).
  ③ 흰보좌 심판 : 이 심판의 대상자는 첫째 부활에 참여하지 못하고 그 천년이 차기까지 살지 못한 "그 나머지 죽은 자들"이다(계 20:7-15). 즉 그리스도를 믿지 않은 악인들이다.
(2) 불 못(둘째사망)에 던지 울 자
  ① 마귀(계 20:10)
  ② 짐승(계 19:20, 계 20:10)
  ③ 거짓선지자(계 19:20, 계 20:10)
  ④ 짐승의 표를 받고 그 우상에게 절한 자들(계 14:9-11)
  ⑤ 생명책에 기록되지 못한 자들(계 20:12-15)

예수님이 재림하실 때 성도들에게 천년왕국이 있다. 이 약속된 소망을 바라보며 주님의 신부의 단장을 게을리 하지 말아야 한다. '이 예언의 말씀을 읽는 자와 듣는 자들과 그 가운데 기록한 것을 지키는 자들이 복이 있나니 때가 가까움이라'

74
주님이 보여주신 지옥(눅 16:19-31)

예수님께서 지옥 불 못에 대하여 어떻게 말씀하셨는지를 살펴본다.
예수님은 인생죽음의 일반성을 누가복음 16장 22절의 말씀에서 "이에 그 거지가 죽어 천사들에게 받들려 아브라함의 품에 들어가고 부자도 죽어 장사되매"라는 말씀에서 밝히셨다. 죽음은 이 두 사람에게 어김없이 찾아왔다.
히브리서 9장 27절에는 "한번 죽는 것은 사람에게 정하신 것이요"라고 하였고, 열왕기상 2장 2절에는 "세상 모든 사람의 가는 길"로 간다고 하였다. 그러므로 사람이라면 이 길만은 피할 수 없음을 알고 내세를 맞이할 준비를 하여야 하겠다.

1. 행복의 세계를 보면서 고통당하는 비참한 장소

"저가 음부에서 고통 중에 눈을 들어 멀리 아브라함과 그의 품에 있는 나사로를 보고 불러 가로되"라고 하였는데 이 말은 '소리쳐서 말한다' 는 의미이다. 그 고통이 심할 뿐만 아니라 그에게는 행복의 세계가 너무나 멀리 있었기 때문에 목이 터지도록 소리를 높여 불렀다는 것이다. 아브라함과 나사로의 행복의 세계를 바라보면서 고통을 당하고 있으니 너무나 비참하고 불행하다.

2. 하나님의 긍휼을 전혀 받지 못하는 곳

"불러 가로되 아버지 아브라함이여 나를 긍휼히 여기사 나사로를 보내어 그 손가락 끝에 물을 찍어 내 혀를 서늘하게 하소서 내가 이 불꽃 가운데서 고민하나이다"라고 하였다. 그러나 물 한방울도 얻지 못하였다. 이것이 지옥인 것이다. 그러므로 하나님의 긍휼은 세상에서만 받는 것이지 지옥에서는 받을 수 없다(출 34:6, 시 30:5, 벧후 3:8-9).

3. 영원히 목마른 고통의 장소

물 한 방울도 얻어 마시지 못했으니 얼마나 목마른 곳인가를 알 수 있다. 세상에서는 나사로가 부자의 상 끝에서 떨어지는 빵 부스러기를 사모하였는데, 내세에서는 부자가 나사로의 손가락 끝에서 떨어지는 물 한 방울을 사모하였다. 세상에서의 부자는 나사로를 무시하고 돌아보지도 않았지만, 내세에서는 그에게 애원하는 것을 보니 극과 극의 대조가 된다.

4. 불꽃 가운데서 고민하는 장소

"내가 이 불꽃 가운데서 고민 하나이다"라고 하였다. 지옥이 얼마나 고통스러운가를 보여 주고 있다. 지옥 불에 대하여 신,구약 성경에 여러번 나타나 있다. 마가복음 9장 48-49절 말씀에 "거기는 구더기도 죽지 않고 불도 꺼지지 아니하느니라 사람마다 불로서 소금치듯 함을 받으리라"고 하였고, 욥기 25장 6절에 "하물며 벌레인 사람, 구더기인 인생이랴"고 하였으니 불신의 악인들이 불로써 소금치듯 함을 당하는 영원한 고통을 말하는 것이다.

5. 하나님의 공의의 심판이 집행되는 장소

"아브라함이 가로되 애 너는 살았을 때에 네 좋은 것을 받았고 나사로는 고난을 받았으니 이것을 기억하라 이제 저는 여기서 위로를 받고 너는 고민을 받느리라"고 하였다. 부자는 좋은 것을 받았지만 하나님을 영화롭게 하지 않고 믿음이 없었으니 이제 심판을 받고 고민을 받는다는 말씀이다.

6. 축복의 세계에서 완전히 소외된 장소
"이 뿐 아니라 너희와 우리 사이에 큰 구렁이 끼어 있어 여기서 너희에게 건너가고자 하되 할 수 없고 거기서 우리에게 건너올 수 도 없게 하였느니라"고 하셨다.
이 말은 천국과 지옥의 간격이 확정되어 서로의 내왕이 절대 있을 수 없는 완전 고립된 외로운 장소를 말한다. 일체의 도움을 받지 못하고 소외된 채 무서운 진노를 끝없이 받는다.

7. 세상 걱정이 계속되는 곳
"가로되 그러면 구하노니 아버지여 나사로를 내 아버지의 집에 보내소서 내 형제 다섯이 있으니 저희에게 증거하게 하여 저희로 이 고통 받는 곳에 오지 않게 하소서"라고 하였다. 지옥에 떨어진 부자는 세상에 있는 다섯 형제를 생각해냈다. 형제들에게 나사로를 보내어 내세천국과 지옥의 실재를 말함으로 이곳에 오지 않게 해달라고 부탁한 것이었다. 형제들이 지옥에 오지말기를 간청했던 것이다.
세상을 떠날 때 천국과 지옥이 있음을 분명히 아는 성도라면 형식적인 신자가 되지 않을 것이다. 물 한 방울도 감사하고 진심으로 믿음 지키는 진짜 신자가 되어야 한다. 주님은 오늘도 "인자가 올 때에 세상에서 믿음을 보겠느냐"(눅 18:8)고 우리에게 말씀하신다.

75
지옥에 들어갈 자(계 21:8)

요한계시록 21장과 22장은 성경의 결론 부분이다. 영원한 새 하늘과 새 땅을 상세하게 설명하고 있고, 무서운 둘째 사망 유황불 지옥을 가르쳐 주고 있다. 유황불 지옥에 들어갈 자들이 누구인가?

1. 두려워하는 자들

지옥에 갈 자들의 명부에 두려워하는 자들이 제일 먼저 기록되었다. 이들은 무엇을 먹을까 무엇을 마실까 무엇을 입을까 하면서 세상 염려 때문에 두려워서 예수님께 나아가지 못하는 자들이다. 환난과 핍박이 올 때 배교하며 주님을 떠나는 자들이다. 주님이 재림하실 때에 산과 바위를 불러 우리 위에 떨어져 보좌에 앉으신 이의 낯에서와 어린양의 진노에서 우리를 가리우라고 외치는 자들이다.

2. 믿지 아니하는 자들

요한복음 3장 16절 말씀에 "하나님이 세상을 이처럼 사랑하사 독생자를 주셨으니 이는 저를 믿는 자마다 멸망치 않고 영생을 얻으리라"고 하셨다. 오직 구원은 하나님의 독생자 예수 그리스도를 믿음으로 말미암아 얻는 것인데 예수님을 믿지 않았으니 지옥에 간다.

3. 흉악한 자들

흉악한 자란 가증한 자를 말한다. 로마서 2장 22절 말씀에 "우상을 가증히 여긴다"고 하였고, 디도서 1장 16절 말씀에 "저희가 하나님을 시인하나 행위로는 부인하니 가증한 자"라고 하셨다. 그리스도를 믿는척하면서 행위로는 부인하는 자가 가증한자요 흉악한 자이다.

4. 살인자들

창세기 9장 6절 말씀에 "다른 사람의 피를 흘리면 그 사람의 피도 흘릴 것이니 이는 하나님이 자기 형상대로 사람을 지으셨음이니라"고 하였다(요일 3:15).

5. 음행하는 자들

간음죄는 자신과 가정을 망치며 국가 민족을 망치는 무서운 결과를 가져온다. 노아 때의 홍수멸망과 소돔 고모라의 불 심판이 그러했다. 영적간음도 있는데 야고보서 4장 4절에 "간음하는 여자들이여 세상과 벗된 것이 하나님의 원수임을 알지 못하느뇨" 하였다.

6. 점술가들

점술가들은 점치는 자들인데 길흉을 말하는 자, 요술, 무당, 신접한 자 등이고 우리나라에서 말하면 토정비결, 수상, 관상, 신수, 궁합 등을 보는 자들이다(레 20:27).

7. 우상숭배자들

하나님의 형상으로 지은 바가 되었기 때문에 하나님을 찾아 섬기려는 종교성이 있지만, 타락하였기 때문에 피조물을 신으로 섬긴다.

8. 거짓말 하는 모든 자들

요한일서 2장 22절에서 "거짓말 하는 자가 누구뇨 예수께서 그리스도이심을 부인하는 자가 아니뇨"라고 하였다.

<성경에 계시된 지옥>

1. 불이 타고 있는 곳
   삼키는 불(사 33:14), 지옥불(마 5:22), 영원한 불(마 18:9), 풀무불(마 13:42,50), 예비된 영원한 불(마 25:41), 꺼지지 않는 불(막 9:43), 불꽃 가운데서 고민하는 곳(눅 16:24), 불과 유황으로 고난 받는 곳(계 14:10), 구더기도 죽지 않고 불도 꺼지지 않는 곳(막 9:48), 사람이 불로써 소금치듯함을 받는 곳(막 9:49), 산채로 유황불 붙는 못에 던지우는 곳(계 19:20)
2. 슬피 울며 이를 가는 곳(마 8:12, 13:42,50, 22:13, 25:30)
3. 괴로움과 고통이 있는 곳
   목마른 고통이 있는 곳(눅 16:23), 밤낮 괴로움을 받는 곳(계 20:10), 고난의 연기가 세세토록 올라가는 곳(계 14:11)
4. 캄캄하고 어두운 곳
   바깥 어두운데(마 8:12), 바깥 어두움에 내어 쫓으라(마 25:30), 영원히 예비된 캄캄한 흑암(유 13), 캄캄한 어두움(벧후 2:17)
5. 하나님과 그리스도에게서 멀리 떠나 있는 곳
   불법을 행한 자들아 내게서 떠나가라(마 7:23, 마 25:4)
6. 사탄과 그 사자들이 있는 곳
   마귀와 그 사자들을 위하여 예비한 영영한 불(마 25:41), 짐승과 거짓 선지자도 있어 세세토록 밤낮 괴로움을 받으리라(계 20:10)
7. 영혼과 육체가 함께 들어가는 곳
   몸과 영혼을 지옥에 멸하심(마 10:28, 마 5:30, 18:8, 막 9:43)
8. 죽음이 없는 곳이다.
   구더기도 죽지 않고 불도 꺼지지 않으며 사람마다 불로 소금치 듯함을 받으리라(막 9:48-49)

76
천년왕국(계 20:6)

성경은 그리스도께서 재림하신 후 성도가 '그리스도와 더불어 천년 동안 왕노릇 할 것'을 말한다(계 20:1-6). 하지만 이 구절을 어떻게 해석하느냐에 따라 예수 그리스도의 재림 및 그와 관련된 종말 사건의 순서가 다르게 된다.

1. 무천년설

성경의 '천년'을 초림부터 재림까지의 전 기간으로 본다.

(1) 천년 왕국의 기간 – 이 기간 동안 사단이 결박되어 무저갱에 갇히고, 첫째 부활을 한 자는 중생한 성도들인데 그리스도와 함께 영적으로 왕노릇한다(계 5:10).

(2) 대배교, 대환난 – 천년 왕국이 끝날 무렵 7년 환난이 시작되는데 이때 거짓 선지자와 적그리스도의 출현이 있고, 성도들은 환난을 당하며 배교에 이를 것이다.

(3) 재림 – 천년 왕국은 그리스도의 재림으로 끝난다.

(4) 대부활과 성도의 휴거 – 성도는 생명의 부활, 불신자는 심판의 부활을 일시에 한다. 그후 성도는 공중으로 휴거된다(살전 4:17).

(5) 대심판 – 성도가 휴거된 상태에서 부활한 악인들과 생존한 악인들은 형벌을 받아 영원한 불못에 던져진다.

(6) 새 하늘과 새 땅 – 악인이 불 못에 던져진 후, 이 땅은 변화되어 신천신지가 된다.

2. 후천년설

복음이 전 세계에 확산되어 세상이 살기 좋은 이상세계로 본다. 이러한 천년 왕국 후에 그리스도의 재림이 있다고 본다.

(1) 복음의 확산으로 세상에는 악의 영향이 점차 감소된다.
(2) 천년 왕국 - 복음의 전파로 인류 대부분이 신자가 된다.
(3) 대배교, 대환난 - 천년왕국이 끝날때 아마겟돈 전쟁이 있다.
(4) 재림 - 대환난의 절정기에 재림이 있다.
(5) 대부활 - 무천년설과 동일하지만, 휴거에 대한 강조가 없다.
(6) 대심판 - 악인들에 대한 심판으로 영원한 형벌이 주어진다.
(7) 신천신지 - 대심판 후 성도는 새 하늘과 새 땅을 받는다.

3. 세대주의적 전 천년설

구속계획을 7단계로 구분하고 마지막에 천년왕국을 둔다.

(1) 그리스도의 공중 재림 - 성도들을 위한 것이다.
(2) 성도의 부활과 변화 및 휴거 - 죽은 성도는 부활하고, 살아있는 성도는 변화되어 그리스도께 들림을 받는다.
(3) 어린양의 혼인 잔치 - 공중으로 휴거된 성도들과 잔치.
(4) 복음의 전파와 이스라엘의 회심 - 이스라엘의 대회심 있다.
(5) 대환난과 적그리스도의 출현 - 기간은 7년이다.
(6) 그리스도의 지상 재림 - 7년 대환난이 끝난 후 지상재림.
(7) 천년 왕국 건설 - 성전 제사가 회복된다.
(8) 사탄의 일시적 석방 - 천년왕국 끝에 사탄이 잠시 풀려난다.
(9) 곡과 마곡의 전쟁 - 그리스도의 나라에 대한 전쟁이 있다.
(10) 사탄의 멸망 - 사탄은 결국 불 못에 영원히 던져진다.
(11) 악인의 부활과 대심판 - 성도들보다 천년후에 심판 받는다.

(12) 신천신지 – 악이 제거된 새 하늘과 새 땅에서 영원히 산다.

4. 역사적 전천년설

공중 재림과 지상 재림을 구분치 않고 재림을 단회적으로 본다.

(1) 대배교, 대환난 – 그리스도의 재림이 가까워졌을 때 적그리스도 출현의 결과로 성도에게 큰 환난이 다가온다.

(2) 재림 – 대 환난의 절정에 예수님의 재림이 이루어진다.

(3) 죽은 성도의 부활 – 죽은 성도들이 그리스도의 재림과 더불어 부활한다(계 20:5,6).

(4) 성도의 휴거 – 부활한 성도와 변화된 성도들이 공중에서 그리스도를 영접한다(살전 4:16,17).

(5) 사탄의 결박 – 사탄이 천년동안 결박된다(계 20:2,3).

(6) 천년 왕국 – 사탄이 결박된 결과 죄가 없어지므로 이 땅에는 그리스도의 통치로 평화와 공의가 이루어진다.

(7) 곡과 마곡의 전쟁 – 천년 왕국 마지막에 사탄이 잠시 풀려남으로써, 곡과 마곡을 통해 성도들을 대적한다(계 20:8,9).

(8) 사탄의 멸망 – 사탄은 영원한 유황불에 던져진다(계 20:2,3).

(9) 악인의 부활과 대심판 – 심판의 부활로 영원히 고통당한다.

(10) 새 하늘과 새 땅 – 구원받은 성도는 영원히 산다.

하나님은 사도 요한을 통해서 종말의 비밀을 우리에게 확실하게 보여 주셨다. 그 나라에 소망을 가지고 살아가기를 기뻐하시기 때문이다.

77
휴거(살전 4:15-17)

예수 그리스도의 재림의 시기와 형태를 놓고 서로 다른 견해들의 주장이 많이 나타나고 있다. 특히 천년왕국을 중심으로 한 해석을 볼 때도 그 차이는 명확하게 나타난다. 여기서 논쟁의 핵심이 되는 말씀은 바로 주께서 재림하실 때 죽은 자들이 부활하고 살아남은 자들이 변화되어 구름 속으로 끌어 올려(携擧) 공중에서 주를 영접하게 된다는 내용이다. 이 단어의 문자적 의미는 끌 휴(携), 들 거(擧)로서, '끌어 올리다'라는 뜻인데 헬라어로는 '하르파게소메타'(αρπαγησομεεθα)로서 그 원형은 '하르파죠'(αρπαζω)로 '사로잡다, 잡아 올리다'라는 뜻이 있다.

1. 천년왕국을 중심한 여러 가지 해석들

(1) 자유주의적 후 천년설

자유주의자들은 예수 그리스도를 하나님의 아들이라고 생각하지 않는다. 그들에게는 초월적인 하나님이라든가 영적 세계라는 것이 아예 없다. 예수님 재림이 없고, 지상낙원이 천년왕국이라고 한다.

(2) 보수주의적 후 천년설

예수 그리스도의 재림이 천년왕국 후에 있다고 주장한다. 하나님의 나라는 복음의 전파와 각 개인의 마음속에 역사하시는 성령의 구속 사역을 통하여 확장되며 세계는 기독교화가 된다고 한다.

(3) 무천년설

이 학설은 단어의 의미로 볼 때 문자적인 천년왕국이 없음을 말한다.

'실현된 천년왕국주의' 라는 명칭을 사용하고 있다. 사단이 그리스도의 초림에 의해 결박되었고 현 시대가 천년왕국이라 한다.

(4) 세대주의적 전 천년설

인류의 역사를 3기로 혹은 7기로 세대를 나누어서 이해하려는 역사관을 가지고 있다. 그리스도의 재림은 공중 재림과 지상 강림으로 7년의 간격을 두고 두 번 일어난다고 하며 환난 전 휴거설이다.

(5) 역사적 전 천년설

주님께서 재림하신 후 새 하늘과 새 땅이 도래하기 전에, 그리스도께서 왕으로 통치하시는 천년왕국이 지상에서 있을 것을 믿는다. 환난 통과설이다. 주장하는 학자는 박형룡, 박윤선, 이상근 등이다.

2. "구름 속으로 끌어 올려"

17절에서 "살아남은 자도 저희와 함께 구름 속으로 끌어 올려 공중에서 주를 영접하게 하시리니" 이 구절에서 오늘날 예수 그리스도의 재림에 큰 논쟁의 부분을 차지하고 있는 '휴거' 라는 단어가 등장한다. 여기에서 '구름 속으로' 란 말은 구약에서 하나님의 계시의 장엄을 표시하는 것이다(출 13:21, 왕상 8:10, 시 97:2, 18:11).

성경에서 '끌어올려' 라는 용어가 쓰인 목적에 대하여 유의할 필요가 있다. 그것은 '공중에서 주를 영접하게 하기 위해서' 이다. 이 영접은 하급 관청이 상급 관청 관리를 영접할 때 베푸는 공식적인 환영에 대하여 묘사할 때 사용되어지는 단어였다.

바울 당시에도 사람들이 고위 방문객을 영접하기 위해 도시를 벗어나 마중 나갔다가 다시 도시로 모시고 오는 관습이었다. 그러므로 바울이 이 구절에서 말하려고 하는 것은 부활한 자들과 변화한 자들이 하늘로부터 강림하시는 주님을 영접하기 위해 '마중 나가' 기쁨으로 만난 후 바로 그들은 주님과 함께 돌아오는 것이라는 점이다.

<재림이후에 일어날 일들>

(1) 큰 환난-그리스도의 재림이 가까워졌을 때 적그리스도 출현의 결과로 성도에게 큰 환난이 임한다(마24:15-21).
(2) 재림-환난 후에 그리스도의 재림이 이루어진다(마24:29-30).
(3) 죽은 성도의 부활-그리스도 안에서 죽은 성도들이 그리스도의 재림과 더불어 부활한다(살전4:16).
(4) 예수님 영접-부활한 성도와 살아남은 성도들이 공중에서 예수님을 영접한다(살전4:16,17).
(5) 사탄의 결박-사탄을 잡아 일천년 동안 결박하여 무저갱에 던져 잠그고 만국을 미혹하지 못하게 한다(계20:2,3).
(6) 천년 왕국-성도들이 그리스도로 더불어 천년 동안 왕 노릇 하게 된다(계20:4,6).
(7) 곡과 마곡의 전쟁-천년이 차면 사탄이 옥에서 놓여 잠깐 풀려남으로 곡과 마곡을 미혹하고 성도의 진과 사랑하시는 성을 둘러 대적한다(계20:7-9).
(8) 사탄의 멸망-사탄은 영원한 유황불에 던져진다(계20:10).
(9) 악인의 부활과 흰 보좌 심판-악인은 심판의 부활로 영원히 불 못에 던져진다(계20:12-15).
(10) 새 하늘과 새 땅-구원받은 성도는 주와 함께 영생복락을 누린다(계21-22장).

78
새 하늘과 새 땅(계 21:1-27)

마귀와 죄악이 제거된 이후 임하시는 새 하늘과 새 땅 곧 하나님의 나라에 대한 계시와 새 예루살렘성의 외형과 그 생활상을 소개한다.

1. 새 예루살렘

이사야 65장 17절에 "보라 내가 새 하늘과 새 땅을 창조하나니 이전 것은 기억되거나 마음에 생각나지 아니할 것이라"고 하였다. 이 축복이 이루어지는 때는 예수님의 재림 후에 되는데, 요한계시록 21장 1절의 말씀대로 "또 내가 새 하늘과 새 땅을 보니 처음 하늘과 처음 땅이 없어졌고 바다도 다시 있지 않더라"는 것이었다(계 21:1-8).

(1) 새 하늘과 새 땅, 새 예루살렘

"또 내가 새 하늘과 새 땅을 보니 처음 하늘과 처음 땅이 없어졌고 바다도 다시 있지 않더라 또 내가 보매 거룩한 성 새 예루살렘이 하나님께로부터 하늘에서 내려오니 그 준비한 것이 신부가 남편을 위하여 단장한 것 같더라"(계 21:1-2)

(2) 새 예루살렘의 행복

"내가 들으니 보좌에서 큰 음성이 나서 이르되 보라 하나님의 장막이 사람들과 함께 있으매 하나님이 그들과 함께 계시리니 그들은 하나님의 백성이 되고 하나님은 친히 그들과 함께 계셔서 모든 눈물을 그 눈에서 닦아 주시니 다시는 사망이 없고 애통하는 것이나 곡하는 것이나 아픈 것이 다시 있지 아니하리니 처음 것들이 다 지나갔음이러라"(계 21:3-4)

(3) 하나님과 성도의 최후상태

"보좌에 앉으신 이가 가라사대 보라 내가 만물을 새롭게 하노라 하시고 또 가라사대 이 말은 신실하고 참되니 기록하라 하시고 또 내게 말씀하시되 이루었도다 나는 알파와 오메가요 처음과 나중이라 내가 생명수 샘물로 목 마른 자에게 값 없이 주리니 이기는 자는 이것들을 유업으로 얻으리라 나는 저의 하나님이 되고 그는 내 아들이 되리라"(계 21:5-7)

2. 새 예루살렘의 바깥 모습

성도들의 최고의 소망은 새 하늘과 새 땅 무궁세계의 영광이다. 그러므로 로마서 8장 18절에는 "생각컨대 현재의 고난은 장차 우리에게 나타날 영광과 족히 비교할 수 없도다"라고 하였다. 새 예루살렘성의 바깥 모습은 어떠한 것인가(계 21:9-21).

(1) 하나님의 영광이 항상 충만한 곳이다.

"성령으로 나를 데리고 크고 높은 산으로 올라가 하나님께로부터 하늘에서 내려오는 거룩한 성 예루살렘을 보이니 하나님의 영광이 있으매 그 성의 빛이 지극히 귀한 보석 같고 벽옥과 수정 같이 맑더라"(계 21:10-11)

(2) 크고 높은 성곽이 둘러있는 곳이다.

"크고 높은 성곽이 있고..."(계 21:12)

(3) 열 두 문이 있는 곳이다.

"열 두 문이 있는데 문에 열 두 천사가 있고"(계 21:12-13)

(4) 열 두 기초석이 놓여 있었다.

"그 성에 성곽은 열 두 기초석이 있고"(계 21:14, 19-20)

(5) 네모가 반듯한 정방형의 성으로 되어 있었다.

"그 성은 네모가 반듯하여 장광이 같은지라"(계 21:16)

(6) 그 성곽은 벽옥으로 쌓였고 맑은 유리 같은 정금이었다.

"그 성은 정금인데 맑은 유리 같더라"(계 21:18)

(7) 새 예루살렘 성내의 길은 맑은 유리 같은 정금이었다.

"성의 길은 맑은 유리 같은 정금 이더라"(계 21:18)

3. 새 예루살렘성의 속 모습

너무나 아름답고 찬란하며 거룩하다(계 21:22-27).

(1) 성 안에 성전이 보이지 않았다.

"성안에 성전을 내가 보지 못하였으니 이는 주 하나님 곧 전능하신 이와 및 어린 양이 그 성전이심이라"(계 21:22)

(2) 해와 달의 비췸이 쓸 데 없는 곳이었다.

"하나님의 영광이 비취고 어린양이 그 등이 되심이라"(계 21:23)

(3) 만국이 빛 가운데를 다니고 있다.

"만국이 그 빛 가운데로 다니고"(계 21:24)

(4) 땅의 왕들이 자기의 영광을 가지고 들어가는 곳이다.

"땅의 왕들이 자기 영광을 가지고 그리로 들어오리라"(계 21:24)

(5) 낮에도 성문을 닫지 않는 곳이다.

"성문들을 낮에 닫지 아니하리니 밤이 없음이라"(계 21:25)

너무나도 아름답고 황홀하기 그지없다.

79 하나님의 나라(계 22:1-21)

성경의 주인공은 예수 그리스도, 성경의 주제는 하나님 나라이다.
계시록 22장 1-5절은 천국계시의 마지막 부분이요 새 예루살렘의 생활상을 구체적으로 소개하는 대목이다. '최후의 축복상태'인 성도가 들어가서 누릴 새 예루살렘의 축복은 어떤 것인가.

1. 성도의 최후상태

(1) 생명수의 강이 흐르는 데서 사는 것이다.

"또 저가 수정같이 맑은 생명수의 강을 내게 보이니 하나님과 및 어린양의 보좌로부터 나서 길 가운데로 흐르더라"(계 22:1)

(2) 생명나무 실과를 먹고 사는 것이다.

"강 좌우에 생명나무가 있어 열 두 가지 실과를 맺히되 달마다 그 실과를 맺히고 그 나무 잎사귀들은 만국을 소성하기 위하여 있더라"(계 22:2)

(3) 다시 저주가 없는 곳이다.

"다시 저주가 없으며 하나님과 그 어린 양의 보좌가 그 가운데 있으리니"(계 22:3)

(4) 주의 종들이 주를 즐거움으로 섬기며 사는 것이다.

"그의 종들이 그를 섬기며"(계 22:3)

(5) 주님의 얼굴을 보고 사는 것이다.

"그의 얼굴을 볼 터이요"(계 22:4)

(6) 성도의 이마에 주의 이름을 새기고 사는 것이다.

"그의 이름도 저희 이마에 있으리라"(계 22:4)

(7) 다시 밤이 없는 세계에서 사는 것이다.

"다시 밤이 없겠고 등불과 햇빛이 쓸 데 없으니 이는 주 하나님이 저희에게 비취심이라"(계 22:5)
(8) 세세토록 왕 노릇하는 것이다.
"지극히 높으신 자의 성도들이 나라를 얻으리니 그 누림이 영원하고 영원하고 영원하리라"(단 7:18)
"저희가 세세토록 왕 노릇 하리로다"(계 22:5)

2. 예언의 말씀을 인봉하지 말라

"이 두루마리의 예언의 말씀을 인봉하지 말라 때가 가까우니라"(계 22:10)

다니엘서에서는 "이 말은 마지막 때까지 간수하고 봉함할 것임이라"(단 12:9) 하였는데 예수님 재림이 가까운 마지막 때에는 계시록을 펼쳐서 성도들로 하여금 알게 하라는 것이다.

요한 계시록은 반드시 속히 일어날 일들(계 1:3), 장차 될 일(계 1:19), 이후에 마땅히 일어날 일들(계 4:1), 반드시 속히 되어질 일(계 22:6)을 기록하고 있다. 이 책을 우리에게 주신 것은 이 예언의 말씀을 읽는 자와 듣는 자들과 그 가운데 기록한 것을 지키는 자들로 하여금 복을 받게 하기 위함이다. 이 예언의 말씀인 요한계시록을 인봉하지 말고 읽고, 듣고, 지키며, 다시 예언하여야 한다(계 10:11).

3. 예언의 말씀을 가감하지 말라

"내가 이 두루마리의 예언의 말씀을 듣는 모든 사람에게 증언하노니 만일 누구든지 이것들 외에 더하면 하나님이 이 두루마리에 기록된 재앙들을 그에게 더하실 것이요 만일 누구든지 이 두루마리의 예언의 말씀에서 제하여 버리면 하나님이 이 두루마리에 기록된 생명나무와 및 거룩한 성에 참여함을 제하여 버리시리라"(계 22:18-19, 신 4:2, 신 12:32)

4. 내가 속히 오리라

(1) 예언의 말씀을 지키는 자는 복이 있으리라

"보라 내가 속히 오리니 이 두루마리의 예언의 말씀을 지키는 자는 복이 있으리라 하더라"(계 22:7)

"이 예언의 말씀을 읽는 자와 듣는 자와 그 가운데에 기록한 것을 지키는 자는 복이 있나니 때가 가까움이라"(계 1:3)

(2) 행한 대로 갚아 주리라

"보라 내가 속히 오리니 내가 줄 상이 내게 있어 각 사람에게 그가 행한 대로 갚아 주리라"(계 22:12, 고전 15:58)

"나는 선한 싸움을 싸우고 나의 달려갈 길을 마치고 믿음을 지켰으니 이제 후로는 나를 위하여 의의 면류관이 예비 되었으므로 주 곧 의로우신 재판장이 그 날에 내게 주실 것이며 내게만 아니라 주의 나타나심을 사모하는 모든 자에게도니라"(딤후 4:7-8)

(3) 내가 진실로 속히 오리라(계 22:7, 12, 20)

"이것들을 증언하신 이가 이르시되 내가 진실로 속히 오리라 하시거늘 아멘 주 예수여 오시옵소서"(계 22:20)

80
준비하고 있으라(마 24:42-44)

지금은 말세지말(末世之末)이다. 말세의 세상 모습은 어떠한지 짚어보면서, 말세를 사는 성도의 지혜로운 신앙생활을 살펴보고자 한다.

1. 마지막 때의 세상 모습

성경은 마지막 때를 사는 세상 사람들의 모습을 가르쳐 주고 있다. 우리 주님께서 재림하실 이 세상 마지막 때는 어떠한 상황이 묘사될까? 마지막 때를 살아가는 세계적인 상황을 성경에서 찾아본다.

 (1) 생활의 염려로 너무 바쁜 세상(마 24:37-39, 눅 17:26-30)
 (2) 믿음이 없는 세상(눅 18:8)
 (3) 평안하다, 안전하다고 하는 세상(살전 5:2-3)
 (4) 배도하는 세상(살후 2:3)
 (5) 미혹케 하는 영을 좇는 세상(딤전 4:1-2)
 (6) 자기를 사랑하고 돈을 사랑하며 고통하는 세상(딤후 3:1-5)
 (7) 바른 교훈을 받지 않는 세상(딤후 4:3-4)
 (8) 자기의 정욕을 좇아 사는 세상(벧후 3:3-4)
 (9) 지식이 발달하는 세상(단 12:4)
 (10) 교통수단이 발달하는 세상(단 12:4)
 (11) 이단자가 많이 나오는 세상(마 24:5)
 (12) 모이기를 폐하는 세상(히 10:25)

(13) 기상이변이 많은 세상(마 24:6-7)

(14) 복음이 전파되는 세상(마 24:14)

2. 마지막 때를 사는 성도의 준비

(1) 거룩한 행실로 하나님의 나라를 사모하라(벧후 3:7-14)

　① 거룩한 행실로 살라(계 22:11-12)

　② 경건함으로 살라

　③ 하나님의 날이 임하기를 간절히 사모하여 살라

(2) 허리에 띠를 띠고 등불을 켜고 기다리라(눅 12:35-41)

　① 허리에 띠를 띠고 기다리라(출 12:11, 엡 6:14, 벧전 1:13)

　② 등불을 켜고 서 있으라(마 5:15-16, 마 25:7, 눅 11:34)

　③ 언제라도 문을 열어 주려고 기다리는 사람이 되라

(3) 등과 기름을 준비하라(마 25:1-13)

　① 교회가 예수님에게 대하여 정절을 지켜야 되며

　② 예수님의 재림은 교회의 유일한 소망이며

　③ 교회가 예수님으로 더불어 영원히 살기 때문이다.

(4) 기도와 사랑으로 봉사하라(벧전 4:7-11)

　① 정신을 차리고 근신하여 기도해야 한다

　② 남의 허물을 용서해야 한다

　③ 은혜 받은 대로 봉사해야 한다(신 8:17-18)

(5) 농부와 선지자처럼 참고 기다리라(약 5:7-11)

　① 참음으로 예수님의 재림을 기다리라

　② 마음을 굳게 함으로 예수님의 재림을 기다리라

　③ 원망 없이 예수님의 재림을 기다리라(눅 21:34, 욥 1:21)

(6) 모이기를 힘쓰라(히10:25)

① 예배드리기 위하여 모이는 것이다(벧전 2:5, 요 4:24)

② 말씀을 받기 위하여 모이는 것이다(약 1:18, 벧전 2:2)

(7) 전도에 힘쓰라(딤후 4:1-5)

① 말씀을 전파하라(고전 9:16)

② 오래 참고 가르치라(요 15:25)

③ 전도인의 각오를 하라(고전 4:1-5)

(8) 재능에 따라 충성하라(마 25:20-31)

① 맡겨진 임무에 충실할 것을 가르친다(고전 4:2).

② 하나님 앞에 결산하는 때이다(고후 5:10, 계 20:11-15)

(9) 일어나 주는 땅으로 가라(수 1:2)

① 양식을 예비하라(수 1:10-11, 계 10:9-11)

② 용사들은 무장하라(수 1:14, 계 11:3, 7-8, 롬 14:7-8)

③ 스스로 성결케 하라(수 3:5)

④ 신천신지의 주인공이 된다(계 19:9, 17, 고전 15:50-58)

"이것들을 증언하신 이가 이르시되 내가 진실로 속히 오리라 하시거늘 아멘 주 예수여 오시옵소서 주 예수의 은혜가 모든 자들에게 있을지어다 아멘"(계 22:20-21).

「역사적전천년설」로 해석한
요한계시록 강해

1판 인쇄일 2020년 5월 25일
1쇄 발행일 2020년 6월 2일

지은이 _ 이강은
펴낸이 _ 한치호
펴낸곳 _ 종려가지
이사장 _ 김영석
등 록 _ 제311-2014-000013호(2014. 3. 20)
주 소 _ 서울특별시 은평구 은평로 14길, 9-5
         전화 02. 359. 9657
디자인 _ 표지 이순옥 / 본문 구본일
제작대행 세줄기획(이명수) 전화 02. 2265. 3749
영업(총판) 일오삼(민태근)
         전화 02. 964. 6993, 팩스 02. 2208. 0153

값 14,000 원

ISBN 979-11-87200-90-1   03230

ⓒ 2020, 이강은

잘못 만들어진 책은 구입하신 서점에서 바꾸어 드립니다.
책의 주문 및 영업에 대한 문의는 영업대행으로 해주십시오.
문서사역에 대한 질문은 010. 3738. 5307로 해주십시오.

이 도서의 국립중앙도서관 출판예정도서목록(CIP)은 서지정보유통지원시스템 홈페이지(http://seoji.nl.go.kr)와 국가
자료종합목록 구축시스템(http://kolis-net.nl.go.kr)에서 이용하실 수 있습니다. (CIP제어번호 : CIP2020020529)